Max Werner Vogel · Chronik des Nietzsche-Kreises

Mit Nietzsche denken

Publikationen des Nietzsche-Forums München e. V.

SONDERBAND 2

Max Werner Vogel

Chronik des Nietzsche-Kreises

Versuch einer Rekonstruktion

Herausgegeben und mit einem Vorwort
sowie einem Anhang versehen
von Beatrix Vogel

Weitere Informationen über den Verlag und sein Programm unter:
www.allitera.de

Bibliographische Information der Deutschen Bibliothek

Die Deutsche Bibliothek verzeichnet diese Publikation
in der Deutschen Nationalbibliographie;
detaillierte bibliographische Daten sind im Internet
über <http://dnb.ddb.de> abrufbar.

April 2007
Allitera Verlag
Ein Verlag der Buch&media GmbH, München
© 2007 Buch&media GmbH, München
Umschlaggestaltung: Kay Fretwurst, Freienbrink
Herstellung: Books on Demand GmbH, Norderstedt
Printed in Germany · ISBN 978-3-86520-254-3

INHALT

Beatrix Vogel
Vorwort zur Neuauflage der »Chronik« 9

Max Werner Vogel
Die Chronik des Nietzsche-Kreises. Versuch einer Rekonstruktion... 15
   Einführung.. 15
   Suche nach den Ursprüngen 17
   Eine Gesellschaft mit wissenschaftlichem Anspruch............. 18
   Die Mitglieder der ersten Nietzsche-Gesellschaft in München..... 21
   Die Berliner Zeit der Nietzsche-Gesellschaft Würzbachs 25
   Die zweite Nietzsche-Gesellschaft Würzbachs in München 1956-1964 27
   Die Ära Schweiger:
   »Gemeinschaft zur Förderung der Nietzsche-Forschung«......... 33
   Die Ära Kopf: Nietzsche-Kreis München –
   »Gemeinschaft zur Pflege der Philosophie Nietzsches«........... 38
   Hohmanns Nietzsche-Kreis Essen e.V. mit Sitz in Brilon –
   »Freundes- und Arbeitskreis zur Förderung des Vermächtnisses
   Friedrich Nietzsches« 43
   Der Nietzsche-Kreis Essen e.V., Gruppe Süd 46
   Der Nietzsche-Kreis München heute:
   »Forum für philosophisches Denken mit Friedrich Nietzsche«..... 51

ANHANG I
Nietzsche-Kreis und Nietzsche-Forum München e.V.:
Die Jahre 1994 – 2006... 55
   1. Aufbruch: 1994 – 1999 55
   2. Achtzigstes Gründungsjubiläum der Nietzsche-Gesellschaft und
      Neukonstitution des Nietzsche-Forums München 63
   3. Vermächtnis – Heinz Friedrich und Eberhard Simons 69
   4. Ausblick: Denken mit Nietzsche –
      ein Versuch »über den Bruch hinweg« zu denken 74

ANHANG 2
Chronik der Vorträge 1965 – 2006   81

ANHANG 3
Biographische Notiz zu Max Werner Vogel.   100

»Mit der Philosophie Platons beginnt auch eine neue Form der *dialogischen* Auseinandersetzung, die eine Kultur der *Offenheit* und *Wahrheitssuche* aus sich entließ. Diese Nichtfestgestelltheit der Wahrheit generiert allererst Kultur als einen *Prozess*. Dieser Kulturprozess ist in seiner Offenheit ein Stück europäischer Identität.«
(Silvio Vietta)

(Silvio Vietta, Europäische Kulturgeschichte. Eine Einführung. München 2005, S. 9. Professor Dr. Silvio Vietta wurde für dieses Werk mit dem Friedrich-Nietzsche-Preis 2006 des Landes Sachen-Anhalt ausgezeichnet.)

»Ungeheure *Selbstbesinnung*: nicht als Individuum, sondern als Menschheit sich bewusst werden. Besinnen wir uns, denken wir zurück: gehen wir die kleinen und großen Wege«
(Friedrich Nietzsche, KSA 12, S. 364)

Max Werner Vogel (1930–1995) zum Gedenken

Einführung

Vorwort zur Neuauflage der »Chronik«

Beatrix Vogel

Die »Chronik des Nietzsche-Kreises. Versuch einer Rekonstruktion«, die Max Werner Vogel im Herbst 1994 – kurz vor seinem Tod im Januar 1995 – fertig stellte, erschien erstmals 1999 als Beitrag in Band 1 der »Publikationen des Nietzsche-Kreises München«.[1] Sie erneut als Einzelschrift aufzulegen, erweitert um den Blick auf die Jahre 1994-2006 und die aktualisierte Chronik der Vorträge der Nietzsche-Gesellschaft bzw. des Nietzsche-Kreises und des Nietzsche-Forums München e.V. im Anhang, entspricht dem Interesse an einer »lebenden Sache«: diese durch Bezugnahme auf ihre »Vor-Leben«, im Nachvollzug ihrer Genese, der Stationen ihrer Umgestaltungen bis hin zu ihrer heutigen Form und dem, was sie heute antreibt, ein Stück weit zu verdeutlichen. Solche Selbstreflexion – wenn auch nur in der Weise eines spezifischen Hinsehens – mag sie darin unterstützen, ihre zukünftige Form und ihre weitere Entwicklung zu bestimmen.

Der Versuch, die Zusammenhänge zwischen dem heutigen Nietzsche-Forum München e.V. und der 1919 in München gegründeten Nietzsche-Gesellschaft e.V. aufzuzeigen, gestaltet sich nicht ganz einfach. Zum einen ist festzustellen: Das derzeit verfügbare Datenmaterial über die Vorgängergesellschaft ist äußerst dürftig; es beschränkt sich in der Hauptsache auf Akteneinträge in Registergerichten[2] sowie einige Korrespondenz in diesem Zusammenhang, auf drei Versammlungsprotokolle[3], auf Schreiben der Gerichtsbehörden und Schriftwechsel der Geheimen Staatspolizei München mit dem Polizeipräsidenten Berlin-Charlottenburg sowie die (erzwungene) Bestätigung der erfolgten Auflösung der Nietzsche-Gesellschaft e.V. durch Dr. Würzbach; auf einige Briefe aus späterer Zeit (aus der Ära von Albert Kopf) sowie aus Zeugenberichten im engeren und weiteren Sinne, die, zum Teil (wie Albert Kopf oder Dr. Egon von Niederhoeffer) der Nietzsche-Gesellschaft unter Dr. Friedrich Würzbach wie dem späteren Nietzsche-Kreis von Albert Kopf angehörten.[4]

Zum andern stößt das Ansinnen, den Zusammenhang der Münchner Nietzsche-Vereinigungen aufzuzeigen, auf eine Komplexität von Fakten und

Faktoren, die eine ganz unterschiedliche Analyse und Handhabung erfordern. So ist etwa – auch wenn sich die objektive Datenbasis durch gezielte Nachforschungen noch erweitern ließe, was dringend zu wünschen ist – das Fehlen eines vereinseigenen Archivs aufgrund der Auflösung der Würzbach-Gesellschaft – und angeblich Vernichtung des Materials – durch die Gestapo ein Signum der Geschichte gerade dieser Gesellschaft, das ihr in unterschiedlicher Weise auch in späterer Zeit erkennbar eingeprägt blieb. Diese, weniger auf objektive Daten als auf den Stimmungshintergrund, der sich aus dem Material der späteren Jahre des Nietzsche-Kreises von Albert Kopf mitteilt, rekurrierende Deutung erfasst m. E. durchaus Wesentliches, wenn es darum geht, historische Gegebenheiten auf ihren inneren Zusammenhang hin zu befragen und damit als Entwicklungen und d. h. überhaupt *geschichtlich* in den Blick zu nehmen. Das Unfassliche, der Bruch, die Zurückstufung, wie sie bei der »Neugründung trotz alledem« der Nietzsche-Gesellschaft e. V. durch Dr. Würzbach nach dem Kriege präsent waren, schienen auch in den weiteren Bemühungs-Schüben, die Arbeit nach Würzbachs Tod weiterzuführen, nicht spurlos überwunden.

Mit anderen Worten: dass und inwieweit die frühe Nietzsche-Gesellschaft im Nietzsche-Kreis München und schließlich im heutigen Nietzsche-Forum München e. V. weiter*lebt*, ist in jedem Fall das Ergebnis einer Rekonstruktion, an die sich interessante und fruchtbare Gesichtspunkte knüpfen, die, wie ich meine, durchaus »Realität« erkennbar machen; d. h. eine »res«, die, ohne im strengen Sinn ein »Gegenstand« zu sein, im Muster objektiver Daten – die motivieren und als konstruktive Vorgabe fruchtbar werden – gesehen oder doch genutzt werden kann.

In der Tat: ein Lebenswille scheint der von der Nietzsche-Gesellschaft begründeten Sache nicht zu fehlen. Jedenfalls widersetzt sich da »etwas« – nicht seiner Umgestaltung, nicht dem *Stirb und Werde*, wohl aber seiner Tilgung, seinem Ver-Enden. Die Geschehnisse, die sich je einstellten und oft, ad hoc, behelfsmäßig ergaben, wenn die Gesellschaft und ihre Nachfolgeorganisationen Schiffbruch erlitten, grenzen ans Merkwürdige.[5] Von Dr. Friedrich Würzbach wie von Albert Kopf ist übermittelt, dass das Fortbestehen der Gesellschaft und des von ihr beförderten Anliegens – auch, in veränderter Situation, unter verändertem Namen – ihr Herzenswunsch war. Doch ein Fortbestehen wovon?

Die Chronik der Nietzsche-Gesellschaft und ihrer Folgeorganisationen in München – für sich genommen bereits eine kulturgeschichtliche Besonderheit, die eine Würdigung oder doch Kenntnisnahme verdient, durchmisst sie doch nahezu das gesamte zu Ende gegangene Jahrhundert – ist, so könnte man sagen, als *lebendige* ein Ringen um den Fortbestand einer kulturgeschichtlichen Debatte in rasant sich wandelndem Kontext; der Fortbestand der bewegenden wie schwierigen Frage nach der Möglichkeit eines Gesprächs der Kultur mit sich selbst über den geschichtlichen Bruch zweier Epochen hinweg – wie das Schiffbarmachen des Zeit-Flusses auch die getrennten Ufer miteinander in Verbindung kommen lässt: auf der einen Seite die alte abendländische Kultur, deren Ende und Auflösung in einer »Irrenhaus-Welt ganzer Jahrtausende« Nietzsche lange vorauswusste und -dichtete; auf der anderen Seite eine »aus dem Amalgam aus scheinbarer Ausweglosigkeit und Hoffnung, Orientierungssehnsucht, Gewalt und Sensationen-Konsum, Lebensverfügbarkeit und Wertebeliebigkeit«[7] vielleicht zu gewinnende, neue, werdende Welt und Kultur, die das ins Unwegsame vorstoßende Denken und Visionieren Nietzsches wie sein unbestechlicher analytischer Tiefenblick vorbereiten wollten.

Nietzsche als »Wendepunkt und Wirbel der sogenannten Weltgeschichte« und »Drehscheibe der Moderne (und Postmoderne)« ist es, der in unerschöpflichen Ansätzen, Anläufen und Hinsichten dieses Gespräch führt und sich im Übergang versucht, im Herumwälzen des gesamten Welt- und Wirklichkeitsverständnisses über jenen Bruch hinweg, der sich als »Faktum« erst im Jahrhundert nach seinem Tod ereignete.

Die Verklammerung des Alten und Neuen ist in die Chronik der Nietzsche-Gesellschaft(en) objektiv eingezeichnet: durch die sie tragenden Personen, die den Bruch in ihrer Lebensspanne durchschritten und durchlitten haben – und dies auch in der Perspektive unterschiedlicher Generationen – sowie durch die verschiedenen Ansätze der Bemühung um eine Auseinandersetzung mit Nietzsche in Interaktion mit den geschichtlich bestimmten Umständen, wobei die Nietzsche-Gesellschaft von dem Bruch in einem verschobenen Sinn und in gewisser Weise doppelt betroffen ist: Von den Machthabern des Nationalsozialismus aufgelöst, blieb sie nach dessen Ende trotzdem jenem Tabu unterworfen, dem eine Auseinandersetzung mit Nietzsche in Deutschland für eine lange Zeit aufgrund der missbräuchlichen nationalsozialistischen Inanspruchnahme seines Namens und seiner Philosophie unterlag. Diese Situation hat sich wesentlich erst nach der Zeit des Nietzsche-Kreises von Albert Kopf gewandelt, der die Antriebskraft »es muss weitergehen« infolgedessen mehr aus dem im Rückwärtsblick gewonnenen Vorbild (Ideal) der (glanzvollen) Anfänge bezog.

Es war ein Glück und bezeichnete einen Wendepunkt in der Entwicklung des damaligen Nietzsche-Kreises, dass im Oktober 1994, im Rahmen der Bemühungen um angemessene Veranstaltungen zum Gedenken des 150. Geburtstages Friedrich Nietzsches, die Beziehung zu Prof. Dr. h. c. Heinz Friedrich zustande kam und er zum 80. Gründungsjubiläum der Nietzsche-Gesellschaft, das wir am 30. 11. 1999 in der Seidlvilla begingen, den Ehrenvorsitz der jetzigen Vereinigung, nunmehr in »Nietzsche-Forum München« umbenannt, anzunehmen bereit war; dass er sich mehr als fünf Jahre hindurch, bis zu seinem Tod am 13. Februar 2004, für das Nietzsche-Forum

München mit Rat und Tat aktiv engagiert und als Gründungsmitglied des Nietzsche-Forums München e. V. die Wiedererlangung der Rechtsfähigkeit unterstützt und mitgetragen hat.

Heinz Friedrich, dessen Leben und Lebenswerk die Geschichte des 20. Jahrhunderts spiegelt, indem er, als Verkörperung gleichsam solcher standhaltender Auseinandersetzung, sich mit dieser befasst, als zugleich auch »einer Art Krankengeschichte der Völker im einzelnen und der Menschheit im allgemeinen«[8] – steht entschieden für den Versuch einer Wiederannäherung an das durch die geschichtliche Erfahrung quasi auseinandergebrochene *innerkulturelle* Gespräch ein, und zwar – im Kontext der hier thematisierten Zusammenhänge – in zweifacher Hinsicht.

Er, dessen besonderes Interesse an Nietzsches Nachlass seine lebenslange Auseinandersetzung mit dem Philosophen wie ein roter Faden durchzog und der später selbst eine Nachlass-Auswahl »als Vademecum zu Nietzsches Philosophie« vorlegte, hatte Würzbachs Hauptwerk, die Herausgabe des Nachlasses Friedrich Nietzsches (im damals zugänglichen Umfang), erstmals erschienen 1940 unter dem Titel »Das Vermächtnis Friedrich Nietzsches«, 1969 im Deutschen Taschenbuch Verlag unter dem Titel: »Die Umwertung aller Werte« neu aufgelegt. Dies bedeutete gleichzeitig eine Würdigung der Verdienste dieser editorischen Bemühung um Nietzsches Nachlass »durch Friedrich Würzbach, dem langjährigen Präsident der Nietzsche-Gesellschaft und Mitherausgeber der Musarion-Ausgabe (der Werke Nietzsches) ..., der zweifellos zu den bedeutendsten Kennern von Nietzsches Werk und Gedankenwelt (gehörte)«.[9] Zuständigkeit und Aktualität von Würzbachs Exkurs über Nietzsches Denken in der Einleitung zu seinem Werk bleibe, so Friedrich, »dreißig Jahre nach seiner Niederschrift ... so gut wie ungemindert«.[10]

Die Bedeutung und Herausforderung einer Auseinandersetzung mit Nietzsche für die tief erschütterte humane Existenz und ein Denken über den Bruch der geschichtlichen Erfahrung hinweg – darin kam er mit Würzbach überein – sah Heinz Friedrich in der mutigen Wiedergewinnung der eigentlich interessierenden Frage in der Retro- und Prospektive des »passioniertesten Befürworter(s) und Bejaher(s) des Wesens Mensch in seiner höchsten Erscheinungsform«[11]; in der Wiedergewinnung der Frage nach der *Menschenwürde* und in der Notwendigkeit, die Bestimmung des Menschen zur Selbstgestaltung seiner Existenz anzuerkennen und bei solchem *Erkenne dich selbst* die Ebene im Blick zu haben, die ihm im Sinn lag. »Denn«, so zitiert Heinz Friedrich Friedrich Nietzsche, »›ich fand es unmöglich, dort Wahrheit zu lehren, wo die Denkweise niedrig ist.‹«[12] Mit anderen Worten, es war in der Einschätzung Heinz Friedrichs legitim und erforderlich, sich auch zukünftig mit Nietzsche auseinanderzusetzen, in neuer Weise, welche er, Heinz Friedrich, dem Nietzsche-Forum München zusprach und zutraute.

Einführung

Im Kontext dieser Zusammenhangssuche ist die von Max Werner Vogel verfasste *Chronik*, die in der hier vorliegenden zweiten Auflage unverändert abgedruckt ist, ein wertvolles und einzigartiges Dokument, dem nichts an die Seite zu stellen ist – es gibt in bezug auf den Gegenstand nichts vergleichbares. Max Werner Vogel hat den Daten unter dem Blickwinkel seiner durch die dokumentierte Zeit geprägten Erfahrung eine Zusammenhangsmöglichkeit angeboten. Die von ihm verfassten Zeilen und was sich durch sie mitteilt, stellen einen Raster zur Verfügung, durch den die Sache ihrer Realität – im Sinne eines »Gehäuses«, das durch wesentliche Gedankenimpulse belebt wird –, näher kommen kann. Es ist mir ein Bedürfnis, ihm für dieses Verdienst zu danken.

Die Vorträge von Max Werner Vogel vor dem Nietzsche-Kreis München sind in einem eigenen Band publiziert[13], mit Ausnahme des Vortrags »Zarathustra – a god that can dance«, welcher in Band 2 der Publikationen des Nietzsche-Forums München aufgenommen ist.[14] Anstelle eines Nachrufs auf ihn, der, mehr noch als durch seine Vorträge ersichtlich, im Hintergrund für den Fortbestand des Nietzsche-Kreises wirkte, ist im Anhang eine biographische Notiz zu Max Werner Vogel beigefügt.

Otterfing, den 26. Februar 2007, Beatrix Vogel

---

[1] Beatrix Vogel und Alois K. Soller, Hrsg., Chronik des Nietzsche-Kreises München. Vorträge aus den Jahren 1990-1998, Neuried 1999.

[2] So die Auszüge aus dem Vereinsregister München zur Ersteintragung der Nietzsche-Gesellschaft (VR 1571), zur Eintragung der Verlegung des Vereinssitzes nach Berlin-Charlottenburg (eingetragen weiterhin in München) sowie der erneuten Gründung der Nietzsche-Gesellschaft e. V. im Jahre 1956 (VR 5729).

[3] Ich beziehe mich auf das »Protokoll über die Gründungsversammlung der Nietzsche-Gesellschaft, München, Königinstrasse 15, 5 Uhr nachmittags, 10. XII. 1919«; das »Protokoll der ordentlichen Mitgliederversammlung der Nietzsche-Gesellschaft, Weimar, 10 Uhr Vormittag, 17. Oktober 1927 (nebst einem diesbezüglichen Schreiben Dr. Friedrich Würzbachs vom 24. Oktober an das Amtsgericht München); sowie das »Protokoll der ordentlichen Hauptversammlung der Mitglieder am 23. Januar 1931, 20 Uhr, in der Hauptgeschäftsstelle Berlin-Charlottenburg, Schlüterstr. 13/IV«.

[4] Beide habe ich persönlich gekannt; beide sind inzwischen verstorben. Mit Herrn Dr. Schweiger, der die Nietzsche-Gesellschaft nach dem Tode Dr. Würzbachs und – abermaligem – Verlust der Rechtsfähigkeit kurze Zeit führte, konnte ich leider keinen persönlichen Kontakt mehr herstellen; auch er ist verstorben.

[5] Als ein Beispiel kann das »Auflösungsdrama«: der sich über nahezu 3 Jahre

(November 1961 bis April 1964) hinziehende Briefwechsel von Hermann Bader, Schatzmeister und geschäftsführender Präsident der Nietzsche-Gesellschaft e. V. nach Friedrich Würzbachs Tod, mit dem Registergericht München bezüglich der Auflösung des Vereins herangezogen werden. – Ich selbst habe mich von dem merkwürdigen In-Erscheinung-Treten dieses Lebenswillens überzeugen können, als ich aus triftigen Gründen fest entschlossen war, die Arbeit aufzugeben.

6 Ob sie die erste Nietzsche-Gesellschaft war, die in Deutschland gegründet wurde; ob es in der Zeit bis zur Gründung der Förder- und Forschungsgemeinschaft Friedrich Nietzsche e. V. – sie trägt seit dem 14. Oktober 2000 den Namen »Nietzsche Gesellschaft e. V.« – in Deutschland weitere Nietzsche-Vereinigungen gegeben hat, wäre zu klären.

7 Renate Reschke in einem Brief vom 21.06.2004. – Prof. Dr. Renate Reschke ist Vorstandsmitglied der Nietzsche-Gesellschaft e. V. mit Sitz in Naumburg/Saale.

8 So Friedrich in seiner Autobiographie: Erlernter Beruf: Keiner. Erinnerungen an das 20. Jahrhundert, hrsg. von Björn Göppl, München 2006, S. 12. – Dr. Björn Göppl ist Vorstandsvorsitzender der Heinz-Friedrich-Stiftung seit ihrer Gründung im Dezember 2004.

9 Friedrich Würzbach, Friedrich Nietzsche: Umwertung aller Werte, dtv Wissenschaftliche Reihe, 2 Bände, herausgegeben von Heinz Friedrich, München 1969, S. 825 (Nachwort).

10 Heinz Friedrich, Nachwort in Friedrich Würzbach, o. c., S. 826.

11 Heinz Friedrich, Friedrich Nietzsche. Weisheit für Übermorgen. Unterstreichungen aus dem Nachlaß (1869–1889), München 1994, Vorbemerkungen, S. 24.

12 Heinz Friedrich, o. c., S. 827.

13 Max Werner Vogel, Nietzsches Hinterkopf. Meditationen über Friedrich Nietzsche. 5 Vorträge für den Nietzsche-Kreis München, Essen 1995.

14 Beatrix Vogel, Hrsg., Von der Unmöglichkeit oder Möglichkeit, ein Christ zu sein. Symposion 1996 des Nietzsche-Kreises München. Vorträge aus den Jahren 1996–2001, München 2001.

DIE CHRONIK DES NIETZSCHE-KREISES.
VERSUCH EINER REKONSTRUKTION

Max Werner Vogel

Einführung

Die ehemalige Nietzsche-Gesellschaft, von der sich der heutige Nietzsche-Kreis herleitet, zu ihrer Zeit eine angesehene wissenschaftliche Vereinigung, wurde, wenn man den alten Mitgliedern glaubt, immer noch einmal gegründet. Ihr Schicksal spiegelt paradigmatisch die Irritationen der Nietzsche-Rezeption bei den Deutschen seit Ende des Ersten Weltkrieges.

Überhaupt scheint es, die Nietzsche-Gesellschaft sei in all den Jahren seit dem Ersten Weltkrieg bis heute wie ein Delphin mal sichtbar, mal unsichtbar gewesen. Einerseits waren die Köpfe der Zeitgenossen nach dem verlorenen Krieg so entgeistert und so mit anderem voll, dass sich das Ereignis »Nietzsche-Gesellschaft« öffentlich nicht durchsetzte. Andererseits zielte ihr Gründer auf eine Vereinigung von Akademikern zum Zwecke der Nietzsche-Forschung. Die große Zahl der Menschen damals nahm von der Nietzsche-Gesellschaft jedenfalls nicht Notiz, obwohl sich ihr doch immerhin Hugo von Hofmannsthal und der spätere Nobelpreisträger Thomas Mann zugesellt hatten. Ungeistig war die Zeit nicht, wie die Lektüre etwa der Süddeutschen Monatshefte oder die Erinnerung an die große Zeit des Theaters in Berlin bewusst machen kann, aber die große Zahl der Menschen scheint den Anschluss an ihre geistige Elite unter dem Impact der Revolution und der Kriegsfolgen verloren zu haben, und die Elite selbst hatte sich zersplittert. Alles stand unter einem bis heute nicht bewältigten völkischen Schock, für den man die Gründe noch immer sucht.

Im Deutschland vor 1914 und besonders um die Jahrhundertwende stand die Nietzsche-Rezeption in voller Blüte. Alle Kunst- und Stilrichtungen waren von Nietzsche beeinflusst: der Jugendstil, die Expressionisten – Die Brücke hatte sich mit Bezug auf die im Zarathustra angesprochene Brückenfunktion des Menschen so genannt – bis hin zu Otto Dix und schließlich die Surrealisten, vornehmlich mit Max Ernst, aber auch Segantini und De Chirico, der in München studiert hatte, beriefen sich auf Nietzsche.

Der in München entstandene Jugendstil hatte Nietzsches Plädoyer für die Weisheit der Erde und gegen die niedere Verstandeslogik aufgenommen, und Ludwig Klages, der in München lebte und lehrte, machte diesen Gedanken zu seinem Thema. Die Künstler des Blauen Reiters – Jawlenski, Kandinsky, die Werefkin, Gabriele Münter, Campendonck und die echte Malerfaust Franz Marc, der einzige Gelernte unter ihnen – die sich in München versammelt hatten und zu großartigen Aufschwüngen kamen, betrieben, mit Nietzsche im Gepäck, eine Entwertung all dessen, das bis dahin Kriterium der Kunst gewesen war, nicht aber die von Nietzsche geforderte Umwertung. Zur gleichen Zeit erfand der etwas abseits stehende Klee die Gesetze des Zeichnens neu. Die späten Abstraktionen Kandinskys sind eine Flucht ins Undeutbare und somit ins Nichtssagende. Sicher gibt es bei aller Umwertung irgendwann eine nihilistische Phase – aber was dann? Einiges aus dieser Gruppe wird von Kunsthistorikern als mystische Vision gedeutet. Der einzige unter ihnen, der Visionen hatte, war Franz Marc. Ihr Manifest, das Reinhard Piper verlegte, ist ein Dokument der Sprachlosigkeit. Ein Beckmann war nicht unter ihnen.

Sie waren noch vor Ausbruch des Ersten Weltkrieges untereinander hoffnungslos zerstritten. So verlief die erste Rezeption Nietzsches in Deutschland. Um Nietzsches »Umwertung aller Werte« herbeizuführen, bedarf es mehr, als wir uns heute noch denken können. Als der Erste Weltkrieg ausbrach, war Nietzsche sozusagen seit vierzehn Jahren tot.

Auch nach 1918 schweigen sich die Blätter über Nietzsche weitgehend aus. Es gab bald wieder Veröffentlichungen, aber die Aufnahme Nietzsches ohne verdrehende Missverständnisse und Unterschiebungen ist in Deutschland – ganz im Gegensatz zu etwa Frankreich, Italien oder gar Japan und den USA – damals nicht und noch immer kaum in Gang gekommen. Hierzu wollte wohl die Nietzsche-Gesellschaft den Boden bereiten mit der Absicht, den zumal in ihrer Not einem finsteren Materialismus verhafteten Menschen ein geistiges Licht anzuzünden.

Mit diesem Impetus offenbar und von Dr. Friedrich Ch. Würzbach mobilisiert, wie aus einer Darlegung von Frau Dolly Würzbach, der Ehefrau Würzbachs, hervorgeht, banden sich illustre Geister an die neue Nietzsche-Gesellschaft. Sie wollten auch etwas anderes bedenken als die Niederlage und die den Deutschen zugeschobene Kriegsschuld. Schon litt die Nietzsche-Rezeption unter Verdrehungen, wie sie einige Texte Nietzsches schon dem unbefangenen und um so mehr dem voreingenommenen Leser durchaus nahelegen. Der heute von gewachsenem politischen Verstand überholte deutschnationale Größenwahn, den Nietzsche selbst angeprangert hatte und über den vermutlich Europa in den Krieg gestolpert war, hatte sich in zwei

Die Chronik des Nietzsche-Kreises – Versuch einer Rekonstruktion

Kriegen mit dem von Nietzsche entlehnten, aber zugleich materialistisch und militaristisch entgleisten Elitedenken einen geistigen Mantel umzuhängen versucht.

Da fand sich in Dr. Friedrich Ch. Würzbach, geboren am 15. Juni 1886, ein Nietzsche-Kenner, mit dem die Gesellschaft an einem sicheren geisteswissenschaftlichen Anker lag und der dann auch, nach 1933, aus profunder Kenntnis jenen unter seinen Mitgliedern entgegentrat, die sich anschickten, Nietzsche zu einem nachgemörtelten Fundament des Nationalsozialismus zu machen.

Friedrich Würzbach leitete die Gesellschaft bis zu ihrer Liquidierung durch die Nationalsozialisten im Jahre 1943 und begründete sie nach dem Kriege, als sich die Gewitter um den Namen Nietzsche einigermaßen gelegt hatten, noch einmal.

Suche nach den Ursprüngen

Es gibt wohlmeinende, nichtsdestoweniger trügerische Wünschelruten zum Ursprung der Nietzsche-Gesellschaft. Eines der betagten Mitglieder der einstigen Gesellschaft, noch heute dem Kreis in München nahestehend, berichtet, die Gründung sei im Jahre 1925 erfolgt.

Dagegen das einzige Dokument, das über die Nietzsche-Gesellschaft München im Münchener Stadtarchiv auffindbar war, trägt das Datum vom 28. August 1922 und teilt, zwar schier drei Jahre nach der wahren Gründung der Gesellschaft, Interessantes über ihre Mitglieder und deren Ziele mit: »Kleine Chronik. Eine Nietzschegesellschaft, mit der Hauptgeschäftsstelle in München, Schackstraße 4, hat sich gegründet. Sie stellt sich als Aufgabe die Pflege eines durchaus unpolitischen, aber wahrhaft europäischen Geistes im Sinne Friedrich Nietzsches. Der Vorstand wird zunächst gebildet durch Ernst Bertram, Hugo von Hofmannsthal, Thomas Mann, Richard Oehler, Heinrich Wölfflin, Friedrich Würzbach«. Woher dieser Bericht stammt, ist dem Dokument des Stadtarchivs nicht zu entnehmen. In der Schackstraße 4 wohnte Dr. Friedrich Würzbach.

Eine Aufzeichnung von Dr. Michael Schweiger, der nach dem Tode Würzbachs und nach der sich lange hinziehenden berichtlosen Zeit bis zur abermaligen Löschung der Gesellschaft im Münchner Vereinsregister im Juni 1964 die neu formierte, aber nicht mehr eingetragene Nietzsche-Gesellschaft als Vorsitzender übernahm, wird den Tatsachen gerecht. Er berichtet richtig, die Nietzsche-Gesellschaft sei 1919 von Dr. Friedrich Würzbach als eingetragener Verein in München gegründet worden. Und so wird es auch richtig sein, wenn Dr. Schweiger als weitere Gründungsmitglieder Charles de Bos und den Russen Leo Schestow nennt. Ebenso verzeichnet die Ausgabe der *Ariadne* von 1925, des Jahrbuchs der Nietzsche-Gesellschaft, Schestow als Gründungsmitglied. Sie wurden in den folgenden Jahren unter die 90 Gründungsmitglieder eingereiht.

Aus der Feder einer Mitarbeiterin der Nietzsche-Gesellschaft endlich, die auch mit Vorträgen hervortrat, der klugen Frau Else Kornetzki aus Bad Heilbrunn bei Tölz, liegt eine kleine Chronik der Gesellschaft vor, die wir dem um den Nietzsche-Kreis verdienten Verleger Dr. W. L. Hohmann, Essen verdanken. Sie lautet: »Die Nietzsche-Gesellschaft wurde von Dr. Friedrich Würzbach 1919 als eingetragener (!) Verein in München gegründet ... Die Gesellschaft machte es sich zur Aufgabe, der kritiklosen Nietzsche-Schwärmerei entgegenzutreten ...«

Weil sich in weiteren informellen Berichten Würzbach mit denselben Gründungsdaten genannt findet, darf angenommen werden, dass er von Anfang an der spiritus rector der Gesellschaft war. Seine Veröffentlichungen und sein immerwährender Hinweis, Nietzsche wiederholend, dass sich die Großen der Geisteswelt wie in einem Zentrum begegnen, bezeugen ein tiefes Verständnis der Äußerungen Friedrich Nietzsches.

Eine Gesellschaft mit wissenschaftlichem Anspruch

Tatsächlich fand sich beim Amtsgericht Berlin ein Protokoll, das die Gründung der Nietzsche-Gesellschaft als eingetragener Verein in München, Königinstraße 15, um fünf Uhr nachmittags am 10. 12. 1919 bezeugt. Anwesend waren M. W. Wiedmann, Dr. Friedrich Würzbach, Dr. Ernst Bertram, Herbert Uhe, Franz Schönberner, Otto Mittler, Gerhard von Westermann, Bankier, Siegmund Bernstein, Frau Nini Wiedmann, Fräulein Auguste Königer, Architekt Walter Würzbach und Fräulein Marie Staudacher.

Am 22. Dezember 1919 wurde unter Nummer 25 das Folgende in das Vereinsregister im Amtsgericht München eingetragen: »Name und Sitz des Vereins: Nietzsche-Gesellschaft, eingetragener Verein, Sitz München. Die Satzung ist errichtet am 10. Dezember 1919. Der 1. Vorsitzende, in seiner Verhinderung der Sekretär, vertritt den Verein gerichtlich und außergerichtlich. Vorstand: 1. Vorsitzender Dr. Friedrich Würzbach, Privatgelehrter; Sekretär Otto Mittler, Schriftsteller, beide in München.«

Der dem Amtsgericht eingereichte Satzungsentwurf nennt als Zweck des Vereins die Nietzsche-Forschung; es gab ordentliche, korrespondierende und Ehrenmitglieder. Der Jahresbeitrag betrug fünfzig Reichsmark.

Würzbach hatte sich durch seine akademischen Forschungen als zuverlässiger Nietzsche-Kenner ausgewiesen und wurde daher von Elisabeth Foerster-Nietzsche mit Richard und Max Oehler, Vettern der Frau Foerster-

Nietzsche, zum Herausgeber der Nietzsche-Gesamtausgabe im Musarion Verlag bestellt. Würzbach erscheint mit einem Beitrag u. a. in einem 1921 von Max Oehler herausgegebenen Buchtitel *Den Manen Friedrich Nietzsches – Weimarer Weihgeschenke zum 75. Geburtstag der Frau Elisabeth Foerster-Nietzsche* neben Thomas Mann und Ernst Bertram. Bekannt ist aber auch, dass er einen Prozeß gegen Elisabeth Foerster-Nietzsche einleitete, als er in Weimar unter dem von der Schwester Nietzsches verwalteten Nachlaß Nietzsches Unregelmäßigkeiten aufgedeckt zu haben glaubte. Hier begann Würzbachs Auflehnung gegen die »Umwertung« der Texte Nietzsches, der später die weltlich-politische »Umwertung« im Sinne des NS-Staates folgte. Kurt Tucholsky stellte damals in der *Weltbühne* die Frage, wie man die Schwester Nietzsches statt eines Fachmanns als Verwalter der nachgelassenen Schriften Nietzsches dulden konnte.

Von Würzbach liegt unter dem Titel *Dionysos* ein Gründungsvortrag vor, der bezeichnenderweise im Verlag der Nietzsche-Gesellschaft, im Musarion Verlag München, mit der Jahreszahl 1921 veröffentlicht wurde. Also tritt die Nietzsche-Gesellschaft spätestens 1921 mit einem eigenen Verlag auf. *Dionysos*, 1925 wiederveröffentlicht in *Ariadne*, dem Jahrbuch der Nietzsche-Gesellschaft, enthält eine wesentliche Aussage zu den Zielen der Gesellschaft:

»Die Nietzsche-Gesellschaft wurde gegründet in der Absicht, einen Sammelpunkt zu schaffen für alle, denen das Werk Friedrich Nietzsches zum entscheidenden Erlebnis geworden ist. – In der Überzeugung, dass diese Philosophie begründeten Anspruch erhebt, nicht als Phänomen abstrakten Denkens ein Objekt kritischer Forschung zu bleiben, sondern als Forderung und Beispiel heroischer Haltung des Geistes in das lebendige Dasein des einzelnen einzugreifen, finden wir Rechtfertigung und Zuversicht zu solcher Sammlung der Geister, deren vereinsamte Wirkung erst in bewußtem Zusammenschluß eine reinere Atmosphäre des Lebens zu schaffen verspricht.«

Die Gründungsmitgliedschaft beschränkte sich nach Auskunft ebenjenes Jahrbuchs auf 90 Mitglieder. Zugleich stand diesen Mitgliedern der Bezug eines der von I bis XC numerierten Exemplare der 23-bändigen im Handel vergriffenen Nietzsche-Monumentalausgabe, deren Mitherausgeber Würzbach war, gegen Erstattung der eigenen Unkosten als Ehrengabe zu. Als Adresse der Hauptgeschäftsstelle ist abermals die Wohnung Friedrich Würzbachs genannt.

Der Name *Ariadne* des Jahrbuchs der Nietzsche-Gesellschaft könnte Auskunft geben über die politische und geistige Umwelt der Zeit unmittelbar nach dem Ersten Krieg: Ariadne hat sich in den Tatmenschen Theseus verliebt und ihn mit ihrem Faden aus dem Weltlabyrinth befreit und so vor dem Minotaurus gerettet. Doch der Gerettete läßt sie sitzen. Nichts tröstet sie. Da tritt Dionysos-Bacchus auf und erlöst sie aus ihrer Versteinerung. Diese

Seelenrettung mag wie ehedem Nietzsche –»Denn wer weiß außer mir, was Ariadne ist!«–, so dem Trachten der versteinerten Deutschen jener Zeit neue Richtung gegeben haben.

Wie Frau Dolly Würzbach berichtet, hielt Dr. Würzbach fest: »Die Nietzsche-Gesellschaft findet ihre tiefere Bedeutung und ihr zukünftiges Schicksal in einer Nachlaßstelle Nietzsches (Winter 1874) ausgesprochen:

»Zum Staat. Welche Kräfte er jetzt verschlingt und in sich umsetzt. Zugleich ist er Mittel zum ungeheuersten Weltverkehr, zur Auflösung des Eigentlich-Volkstümlichen. Das Provinzielle, Städtische, schließlich das Individuelle erlischt immer mehr. Endlich hält auch der nationale Staat nicht mehr fest: einstweilen braucht er Kriege, um Klüfte zu schaffen – schöne Aussicht! Ist aber durch die unbegrenzte Freizügigkeit und Dreisprachigkeit die Menschheit präpariert, dann muß sie hin zum europäischen Universalstaat (auf Grund und mit der Grenze der europäischen alten Cultur). – Deshalb müssen Sekten entstehen, in welche die Bildung und das Individuum sich rettet, um den Preis, sich nicht mit Politik abzugeben. Hier gibt es keine nationalen Differenzen mehr. Während das allgemeine Niveau der europäischen Cultur immer mehr zurückgeht, kann hier, in der Secte, die Forderung und das Ziel immer höher gestellt werden. Die Kluft wird am größten sein dann, wenn der atomistische Universalstaat aus lauter individualistischen Individuen sich bildet. – Die Secte wird zu verschiedenen Zeiten verschieden verdächtigt werden, jetzt als Bundesgenossin, aber verkappte, der Ultramontanen oder der Socialisten, später als die Prophetin des Universalstaats, zuletzt, wenn dieser da ist, als reactionäre und verkappte Bundesgenossin der alten nationalen zu Grunde gehenden Staaten: und alles dieses mit Unrecht.«

Und so sehen wir, wie sich im größeren Vereinigten Europa der Regionalismus als Gegengewicht gebiert und wie sich der einzelne seinen inneren Weg sucht.

Durch die intensive Tätigkeit ihres Vorsitzenden und seiner angesehenen Mitarbeiter hatte die Nietzsche-Gesellschaft in ihren ersten Jahren internationale Anerkennung und Bedeutung erlangt. Dr. Würzbach hat auf den Tagungen der Nietzsche-Gesellschaft in Italien, Holland, der Schweiz und in Österreich für die Verbreitung und das Verständnis der Philosophie Nietzsches wertvolle Arbeit geleistet.

Auch die Mitglieder Richard Oehler und Ernst Bertram waren bekannte Nietzscheaner. Oehler hatte 1916 zu Leipzig Nietzsches Briefwechsel mit Franz Overbeck, ebendort ein Nietzsche-Brevier sowie 1917 Nietzsche-Briefe herausgegeben. Richard und Max Oehler mit Friedrich Würzbach gaben, wie gesagt, seit 1920 die 23-bändige Musarion-Ausgabe der Werke Nietzsches heraus, die ehrwürdigste aller Nietzsche-Gesamtausgaben. Und Friedrich Würzbach veröffentlichte 1940 gewissermaßen als Fazit seiner

Forschungen *Das Vermächtnis Friedrich Nietzsches – aus dem Nachlaß geordnet* ...

Er hatte sich damit der Nachlaßschriften Nietzsches angenommen. Als Sammlung von Notizen bildeten sie ein Problem, und sie werden lange ein Problem bleiben, weil nur Nietzsche selbst sie zu einem Ganzen hätte ordnen können. Nietzsche wollte sie in sein »Hauptwerk« aufnehmen, zu dem es nie kam. Er öffnete sich seiner Schwester 1888 über seine Zurückhaltung in einem Brief: »Ich habe, ganz wörtlich geredet, die Zukunft der Menschheit in der Hand ... Denn das, was ich zu tun habe, ist furchtbar in jedem Sinne des Wortes: ich fordere nicht einzelne, ich fordere die Menschheit mit meiner entsetzlichen Anklage als Ganzes heraus; wie auch die Entscheidung fällt, für mich oder gegen mich, in jedem Fall haftet unsäglich viel Verhängnis an meinem Namen.« Diese Passage, mit der hinter ihr stehenden Perspektive auf einen neuen, kosmisch-transzendent sich bestimmenden Menschen, mag auch den Ernst erklären, mit dem die Protagonisten der Münchener Nietzsche-Gesellschaft beziehungsweise des Kreises Nietzsches Botschaft zu ihrem Anliegen machten.

Würzbach unternahm nach seinem jahrelangen Umgang mit dem Nietzsche-Archiv in Weimar jenen Versuch einer Zusammenfassung der Absichten Nietzsches und ihrer Konsequenzen unter Verwendung des Nachlasses, der 1940 zu seinem Buche führte – seit 1969 wiederabgedruckt im Deutschen Taschenbuch Verlag München unter dem Titel *Friedrich Nietzsche. Umwertung aller Werte. Aus dem Nachlaß zusammengestellt und herausgegeben von Friedrich Würzbach*. Der einschränkende und zugleich programmatische Titel rechtfertigt sich angemessen durch den besonderen Nihilismus Nietzsches, die Werte seiner Welt betreffend, die teils noch die unseren sind und ohne deren Revision wir – selbst nur im äußeren! – in eine düstere Zukunft sehen. Im Nachwort zu Würzbachs Buch schreibt Heinz Friedrich: »... auch eine derartige Zusammenstellung und Anordnung muß sich dem kritischen Vorwurf subjektiven Arrangements stellen ... Immerhin erweisen die Aphorismen ... eine denkerische Folgerichtigkeit und aufeinander bezogene Logik, die mit den abgeschlossenen Werken Nietzsches klar übereinstimmt und sie bruchlos fortführt.«

Im Jahre 1928 veranstaltete die Gesellschaft ein Preisausschreiben. Der Gewinner war Dr. Fritz Krökel mit seiner Schrift *Europas Selbstbesinnung durch Nietzsche,* erschienen im Musarion Verlag München 1929 (162 Seiten).

Die Mitglieder der ersten Nietzsche-Gesellschaft in München

Die ordentliche Mitgliederversammlung am 17. Oktober 1927 in Weimar wählte Dr. h. c. Thomas Mann, Dr. Richard Oehler, Geheimrat Dr. Heinrich Wölfflin, Hugo von Hoffmannsthal und Dr. Fritz Krökel zu Vorstandsmitgliedern. Auf dieser Sitzung beantragte Oehler: »Frau Dr. Elisabeth Förster-Nietzsche wird bei der letzten Veranstaltung der Tagung, am 17. Oktober nachmittags, durch eine vom Vorsitzenden der Nietzsche-Gesellschaft zu überreichende Gabe geehrt.« Der Antrag wurde mit allen elf Stimmen angenommen.

Was trieb einen Thomas Mann, einen Hugo von Hofmannsthal in die Bezirke Nietzsches? Hatten sie die besondere Spiritualität Nietzsches entdeckt und zudem, was sie in den gerade vergangenen Jahren erleben mußten, mit dem, was sie bei Nietzsche lasen, verglichen, und hatten sie an einigen Stellen, zwar bei sich, aber vernehmlich »Aha!« gesagt? Dann sollte dieser Nietzsche auch wissen, wie es weiterzugehen habe. Hier treffen wir auf die Problematik der Umwertung anstelle oder nach lediglich einer Entwertung. Hofmannsthal hatte sich bereits 1903 mit seiner *Elektra* einer mit den Augen Nietzsches gesehenen Antike zugewandt, und seine von Nietzsche beeinflußten Werke fanden seit 1906 durch die Zusammenarbeit mit Richard Strauss, der bekanntlich dem *Zarathustra* ein eigenes Tonwerk widmete, weiteste Resonanz. Thomas Mann hatte Schopenhauer studiert und sich, so gerüstet, dem Lebensgefühl Friedrich Nietzsches zugewandt, wie es in seinen Romanen da und dort anklingt.

Oft genug wird Nietzsches Opus nur wie ein Steinbruch genützt, weil ein jeglicher in ihm Spolien für sein eigenes geistiges Gebäude – und es gibt ja nur diese je besonders gewonnenen inneren Verfassungen – zu finden glaubt. Bekannt ist, dass schon vor der Jahrhundertwende eine stürmische Nietzsche-Rezeption eingesetzt hatte. Robert Musil, Frank Wedekind, Christian Morgenstern, die Kosmiker, also Klages, von Reventlow, Wolfskehl, Schuler, und doch auch Heinrich George wie auch Heinrich Mann und viele andere: sie alle reagierten auf das Phänomen Nietzsche. Die Münchener Nietzsche-Gesellschaft kanalisierte diese zuerst emsige Rezeption, hob sie auf ein neues Niveau und machte sie jedenfalls öffentlich bewußt. Sie machte mit der Musarion-Gesamtausgabe aus dem apostrophierten Steinbruch erstmals eine zuverlässige Quelle, und ermöglichte eine Zusammenschau, in der die vormals verstreuten Texte einander erläutern.

Nichtsdestoweniger bestanden für die Vereinigung all der genannten Geister unter dem Dach einer Nietzsche-Gesellschaft wohl auch emotional gefärbte Motive. Sie bäumten sich gegen den Absturz in einen revisionistischen politischen Materialismus auf, der alles über die Hirnphysiologie hinausgehende Geistige hoffnungslos verneinte. Nietzsches Herkunft auch des höheren Menschentums aus dem Bauch, wenn man so sagen darf, versteht sich ganz anders, nämlich als von Natur angelegter Zwang, sich aus den Niederungen der Welt herauszuziehen – am eigenen Zopfe zwar. Die erwähnte Einführungsrede Dionysos von Würzbach betont – und derlei geschieht,

Nietzsche folgend, in der Geschichte der Gesellschaft wiederholt – ein elitäres Moment, indem sie die äußerliche Seite des Begriffs »Übermensch« gegen den sozialen Umschwung zu Felde führt, der nach dem verlorenen Ersten Weltkrieg Deutschland erschütterte. Eine gesellschaftliche »Umwertung aller Werte« hatte sich ereignet, der einige unter den Mitgliedern mit ihrer Nietzsche-Gesellschaft begegnen wollten, während andere, unter ihnen Kurt Eisner und Heinrich Mann, gerade umgekehrt Nietzsches Ideen in den neuen Ordnungen bestätigt sahen. Die Eignung der Schriften Nietzsches, aus ihnen wie aus einem profanierten Tempel Spolien für widersprechende Initiativen herauszubrechen, erwies sich auch hier – eine Übung, die sich bis heute fortsetzt. Dieser Umstand deutet auf je vor persönlichem Hintergrund zu tief angesetzte Fehlinterpretationen – sollte denn Nietzsche ein trotz seiner großenteils aphoristischen Form einigermaßen geschlossenes Œuvre hinterlassen haben; der Nachweis dafür, der auf höchstem Niveau zu führen wäre, steht aus. Zumal Offenbarungen werden üblicherweise fehlinterpretiert, weil nur wenige auf sie vorbereitet sind.

Um einen Blick auch auf die persönliche Gestimmtheit der Gründer der Nietzsche-Gesellschaft zu werfen, hier einige Sätze aus der Eröffnungsrede Friedrich Würzbachs, die im übrigen streng literarisch und philosophisch gehalten ist:

»... die Menschheit geht einer großen Gefahr entgegen, der alle anderen Tierarten zum Opfer gefallen sind, der Gefahr einseitiger Individuation. Die moderne Zoologie unterscheidet Nasen-Tiere, Ohren-Tiere, Augen-Tiere; schon diese Unterscheidung zeigt, dass eine feine Nase fast nie mit einem guten Auge verbunden ist – die spezielle Entwicklung eines Sinnes läßt die anderen Sinne verkümmern; die Umwelt verengt und spezialisiert sich, das Tier ist in eine Sackgasse verrannt. Der Mensch nun ist nahe daran, das Gehirn-Tier zu werden, damit wäre auch er in eine Sackgasse verrannt und die ungeheure Entwicklungsreihe bis zu ihm hin um ihren Sinn gebracht. Der ›letzte Mensch‹ wäre damit gezüchtet, die letzte endgültige Station aller Erdenentwicklung erreicht – und das Resultat: eine kleine vergnügte Spezies, die sich mit einem allgemeinen gleichen grünen Weideglück zufriedengibt, mit einem Worte – das Ideal von jeder Art Sozialismus.«[1]

»... unsere Zeit, die stets Probleme dritten und vierten Grades allen anderen voranstellt, wird erst spät begreifen lernen, dass natürliche Rangordnung, Unterschied, Distanz und Ehrfurcht vor jedem Anders- und Höhersein jene große pantheistische Mitfreudigkeit und Mitleidigkeit schafft und die Menschen in einem ungleich tieferen Sinne miteinander verknüpft, als es jener errechnete Sozialismus vermag, der bestenfalls ein laues, langweiliges, gemütliches Beieinandersein zuwege bringt.«[2]

Über die Verhältnisse in Deutschland nach dem Ersten Weltkrieg mit stupender Inflation bis 1924, folgender Arbeitslosigkeit, Armut und aus alldem erwachsendem politischen Zwist kann man sich heute kaum noch zutreffende Vorstellungen machen. Im Westen Münchens, in der Fürstenrieder Straße, gab es Erdwohnungen; Mütter erbaten altes Zeitungspapier, um darin ihre Neugeborenen warmzuhalten. Im Gründungsjahr der Nietzsche-Gesellschaft hatten linksrevolutionäre Gruppen in München die Räterepublik ausgerufen, und Regierung und Parlament Bayerns waren nach Bamberg ausgewichen, wo sie mit der »Bamberger Verfassung«, die im September 1919 in Kraft trat, Bayern zum Freistaat machten. Wer in den geistigen Bereich dieser düsteren, von Demütigung und Ausbeutung durch die Siegermächte gekennzeichneten Atmosphäre eindringen will, für den stehen etwa die schon apostrophierten Süddeutschen Monatshefte aus jener Zeit in den Bibliotheken. Er wird dort auch sehen, dass die Deutschen jener Zeit ihr Schicksal unbegreiflich fanden. Sie rangen mit allen Mitteln, die dem menschlichen Geist gegeben sind, nach Erklärungen für das Geschehene und nach Ansätzen, wie das Schicksal Deutschlands noch einmal zu wenden wäre. Ein Bruch war in Versailles entstanden. Die deutsche Identität – »was deutsch ist« – stand in Frage, und damit nicht nur der Bestand eines ideellen und politischen Gebildes, das 1871 aus der Versammlung der Mehrzahl deutscher Landsmannschaften zusammengeklopft worden war, sondern je die persönliche Entscheidung, diesem Gebilde noch anzugehören.

Dieser Bruch betraf auch die Nietzsche-Rezeption. In jenen Süddeutschen Monatsheften ist vor dem Kriege häufig von Nietzsche die Rede, danach ist eine Distanz spürbar, die sich aus Nietzsches Kritik am Deutschtum erklären möchte. Diese Distanz traf offenbar auch die Nietzsche-Gesellschaft.

Paradoxerweise kehrte sich ein besonderes geistiges Deutschland nach 1933 wiederum und ebenso von Nietzsche ab, als er mit Sprengseln seines Elitedenkens von den Nationalsozialisten in Anspruch genommen worden war. Tatsächlich hat Richard Oehler ein Buch veröffentlicht, das Nietzsche für ein geschwollenes Deutschtum und für den Nationalsozialismus im besonderen mißbrauchte. Auch die hochbetagte Elisabeth Foerster-Nietzsche, Oehlers Tante, sonnte sich im fragwürdigen Glanz hoher nationalsozialistischer Funktionäre, die sie in Weimar besuchten, die aber sicher keine Nietzsche-Kenner waren. Dr. Hohmann, Essen: Die Schwester Nietzsches verwendete Oehler, um Peter Gast aus dem Nietzsche-Archiv hinauszudrücken, wo sie sich als Herrin behaupten wollte.

Den Vorwurf loszuwerden, Nietzsche sei Wegbereiter des Nationalsozialismus gewesen, war über lange Jahre nach dem Zweiten Weltkrieg das Hauptthema des Nietzsche-Kreises unter dem Vorsitz von Albert Kopf. Man durfte damals den Namen Nietzsche kaum über die Lippen bringen.

Entsprechend verwischt sind die Spuren der Nietzsche-Gesellschaft in all den Jahren, beginnend mit der Zeit nach dem Ersten und bis nach dem Zweiten Weltkrieg, ja schließlich darüber hinaus. Im Pen-Club der DDR stand noch in den achtziger Jahren der jüdische Schriftsteller Stephan Hermlin aus seiner Bank auf, um jede Rede über Nietzsche rundheraus zu verbieten. Aus dem folgenden Schweigen erwuchs kein Widerspruch. Aber neben anderen waren es jüdische Literaten sowie ausländische Wissenschaftler, die dem Ansehen Nietzsches hierzulande in den siebziger Jahren aufhalfen, man denke an Prof. Dr. Walter Kaufmann in den Vereinigten Staaten und andere, voran Prof. Dr. Dr. Karel Mácha, ehemals Dekan der Karls-Universität Prag.

Die Berliner Zeit der Nietzsche-Gesellschaft Würzbachs

Das Münchener Vereinsregister sagt noch, die Mitgliederversammlung vom 17. Oktober 1927 habe Änderungen der Satzung vorgenommen und den Schatzmeister Dr. Fritz Krökel, Privatgelehrten in München, zum Stellvertreter des Ersten Vorsitzenden bestellt. Am 11. Oktober 1929 schreibt der Vorsitzende des Vereins Dr. Würzbach aus Berlin-Charlottenburg 2, Schlüterstraße 13, an das Amtsgericht München: Der Sitz des Vereins sei nach seiner Berliner Adresse verlegt worden; der Schatzmeister Dr. Fritz Krökel sei nach Berlin-Lichterfelde, Ringstraße 8, verzogen.

Am 23. Dezember 1930 billigte die Mitgliederversammlung, dass der Sitz der Gesellschaft nach Berlin-Charlottenburg verlegt werde. Das weitere verzeichnet das Amtsgericht in Berlin. Dieses nahm am 17. Oktober 1929 von der Verlegung des Vereinssitzes Kenntnis.

In jener Zeit wurde jede Verbindung mit der Schwester Nietzsches abgebrochen. Im Protokoll der ordentlichen Hauptversammlung vom 23. Januar 1931 findet sich ein einstimmiger Beschluß: »Die Versammlung erwartet, dass der Vorstand auch künftig sich für eine philologisch-korrekte und vollständige Herausgabe von Nietzsches Nachlaß einsetzt.« Dem entsprechend hatte sich Dr. Richard Oehler aus dem Vorstand verabschiedet. Hugo von Hoffmannsthal war verstorben. Elisabeth Förster-Nietzsche wurde außer Fälschungen an Nietzsches Briefen vorgeworfen, sie habe sich in den Dienst des Nationalsozialismus und dessen Führern gestellt. Karl Jaspers schrieb im Vorwort zu seinem Nietzsche-Buch: »Da Nietzsche in der Tat nicht der Philosoph des Nationalsozialismus werden konnte, wurde er von diesem in der Folge stillschweigend fallengelassen.«

Die Gesellschaft legte dem Amtsgericht Berlin eine unterm 23. Januar 1931 beschlossene neue Satzung vor. Der Jahresbeitrag wurde auf Reichsmark 10,- ermäßigt.

Am 25. Januar 1939 berichtet Dr. Würzbach, nun wieder und fortan in München, dem Amtsgericht in Berlin, dass der Vorstand der Nietzsche-Gesellschaft sich zusammensetze aus dem Vorsitzenden Dr. Friedrich Würzbach, Abteilungsleiter am Reichssender München, und dem Schatzmeister

Dr. Fritz Krökel, dem stellvertretenden Abteilungsleiter am Reichssender München und Mitglied der Reichsschrifttumskammer, deren Mitglied die Gesellschaft geworden war. Sie hatte ihre Tätigkeit sehr eingeschränkt, da sie erst bei der Eröffnung der Nietzsche-Halle in Weimar, die vom Führer gestiftet wurde, wieder offiziell in Erscheinung treten wollte. Alljährlich berichtete Würzbach dem Amtsgericht Berlin, mitunter unter demselben Datum doppelt, in der Person des gesetzlichen Vorstandes der Gesellschaft sei keine Änderung eingetreten.

Am 13. April 1943 schreibt Dr. Friedrich Würzbach – im Briefkopf ist die »Nietzsche-Gesellschaft« durchgestrichen – an das Amtsgericht in Berlin-Charlottenburg: »Die Nietzsche-Gesellschaft e. V., die unter dem Aktenzeichen VR 1571 bei Ihnen eingetragen war, ist am 19. März 1943 durch die Geheime Staatspolizei München aufgelöst worden. Der Verein ist demzufolge im Register zu löschen und der Vollzug der Löschung der Geheimen Staatspolizei München anzuzeigen.«

Die Geheime Staatspolizei, Staatspolizeileitstelle München, Brienner Str. 50, schreibt dem Polizeipräsidenten in Berlin auf dessen Aufforderung hin am 12. Mai 1943:

»Die Nietzsche-Gesellschaft e. V. wurde auf Weisung des Reichsministeriums für Volksaufklärung und Propaganda vom 23. 2. 1943 am 13. 3. 43 durch Verfügung der Staatspolizeileitstelle München aufgrund § 1 der Verordnung des Reichspräsidenten zum Schutze von Volk und Staat vom 28. 2. 33 ab sofort aufgelöst und verboten. Das Verbot wurde dem Präsidenten der Nietzsche-Gesellschaft Dr. Friedrich Würzbach, geb. 15. 6. 1886 in Berlin, evangelisch, deutscher Reichsangehöriger, Mischling 1. Grades, wohnt München, Pienzenauerstraße 12/III, gegen Unterschrift eröffnet. Eine Auflösungsverfügung wurde ihm nicht ausgehändigt und eine solche auch nicht gesondert erstellt. Dr. Würzbach wurde angewiesen, die Löschung des Vereins beim Amtsgericht Berlin zu beantragen und Nachweis hierüber vorzulegen.«

»Das gesamte Material der Nietzsche-Gesellschaft wurde beschlagnahmt und dem Reichspropagandaamt in München zur Verfügung des Reichspropagandaministeriums übergeben. Die beiden Postsparkonten in Berlin und München, auf denen z. Zt. der Auflösung ein Betrag von 214,50 RM stand, wurde Dr. Würzbach zur Bezahlung von Restschulden zur Selbstliquidierung freigegeben und Würzbach beauftragt, über die Aufhebung der beiden Postsparkonten Nachweis vorzulegen. Da weiteres Vermögen nicht vorhanden war, wurde ein Liquidator nicht bestellt. – I. A. Pfeuffer«.

Dr. Würzbach wurde im Wittelsbacher Palais inhaftiert. Seine Schriften und seine Vortragstätigkeit wurden verboten. Wahrscheinlich hat ihn seine frühe und vermutlich fortgesetzte Opposition gegen die Verfälschung der Nietzscheschen Texte durch dessen Schwester Elisabeth eingeholt, die Friedrich Nietzsche selbst in einem Brief als »unerträgliche antisemitische Gans«

bezeichnet hatte. Sie hatte sich zuerst dem faschistischen Diktator Mussolini und dann Hitler an den Hals geworfen. Von beiden erhielt sie große Geldzuwendungen. Hitler ging bis zu ihrem Tode in ihrem Haus ein und aus; er gab ihr ein Staatsbegräbnis.

Der nachmalige Vorsitzende des Nietzsche-Kreises München, Albert Kopf, berichtete unterm 25. Februar 1984 an seinen Verleger, den Vorsitzenden des Nietzsche-Kreises Essen-Brilon, Dr. W. L. Hohmann:

»Die Manuskripte der Vorträge Dr. Würzbachs von 1919 bis 1944 sind seit der Beschlagnahme und dem Abtransport durch die Gestapo 1944 verschollen, wie auch der gesamte Bücher- und Archivbestand (ein Lastwagen voll Kisten). Meine Nachforschungen bei der Witwe, Frau Dolly Würzbach, blieben ohne Erfolg, sie hat die Manuskripte nicht zurückbekommen. Der Verlust ist unersetzbar. – Verzeihen Sie bitte, wenn ich über das Schicksal der Nietzsche-Gesellschaft so ausführlich berichtet habe; ich wollte damit die großen Schwierigkeiten und Erschwernisse aufzeigen, denen jeder gegenübersteht, der einen Nietzsche-Kreis oder gar eine Nietzsche-Gesellschaft aufbauen will.«

Die zweite Nietzsche-Gesellschaft Würzbachs in München 1956–1964

Nach deutschem Recht müssen mindestens sieben rechtsfähige und beitragswillige Personen zusammentreten, um einen Verein zu gründen, der danach durch die Eintragung ins Vereinsregister selber Rechtsfähigkeit erlangen soll. Sinkt irgendwann die Mitgliederzahl unter drei ab, so erlischt die Rechtsfähigkeit des Vereins, und er wird aus dem Register gestrichen.

Dr. Egon von Niederhöffer[3], eines der ältesten heute noch lebenden Mitglieder des Nietzsche-Kreises und Mitglied der Klages-Gesellschaft, berichtet, Albert Kopf habe 1950 Dr. Würzbach kennengelernt und gleich darauf angesprochen, die Nietzsche-Gesellschaft müsse doch wieder zum Leben erweckt werden. Würzbach entgegnete darauf, nach Worten Kopfs: Durch den schändlichen Mißbrauch, den die Nazis mit einzelnen Schlagworten, also etwa »Wille zur Macht«, »blonde Bestie«, »Was mich nicht umwirft, macht mich stärker« (Goebbels), getrieben haben, wird Nietzsche heute (1950) noch völlig falsch gesehen. Es wäre daher zu früh für eine Neugründung.

Kopf schreibt am 25. Februar 1984 in einem Brief an den Vorsitzenden des Nietzsche-Kreises Essen e.V., Dr. W. L. Hohmann:

»Ich habe aus der damaligen Zeit noch Zeitungsartikel (z.B. mit dem Titel u.ä.), die eine Rehabilitierung Nietzsches und eine Richtigstellung der irrigen Meinung, Nietzsche sei ein Wegbereiter des Nationalsozialismus gewesen, versuchen. Erst 1956 wagte es Dr. Würzbach, die Nietzsche-Gesellschaft wieder neu zu gründen, allerdings unter den größten Schwierigkeiten und breiter Zurückhaltung in allen Kreisen. Namhafte Angehörige der geistigen Elite lehnten jede Mitarbeit ab, immer noch befangen von den unsinnigen Verdächtigungen einer braunen Ideologie Nietzsches. Sie dachten wohl alle nicht daran, dass Nietzsche schon vor 100 Jahren vor dem verderblichen »Hornvieh-Nationalismus« gewarnt hatte ... – Als dann Dr. Würzbach am 14. Mai 1961 starb, waren wir alle wie gelähmt. Erst im Januar 1965 fand sich dann ein kleiner Kreis früherer Mitglieder und neuer Anhänger, der versuchte, unter der Leitung von Dr. Michael Schweiger Nietzsches Philosophie, gereinigt von den NS-Verdächtigungen, wieder ins Bewußtsein zu rufen.«

Die Dokumente des Bayerischen Staatsarchivs lassen die folgende Rekonstruktion des Lebenslaufs der zweiten Gründung Dr. Würzbachs zu. Er hatte, offenbar wie manche älteren Herren mit Geist, einen Kreis von gescheiten Frauen für seine Ideen interessiert. Mit ihm traten sie nun als Gründungsmitglieder an: Anna Hefele, Mathilde Kleber, Esther Schuh, Maria Altenberger, Martha Hösel, Elisabeth Hösel, Ingeborg Schwarz, Erna Schlakowski und mittendrin Joseph Loidl, sämtlich aus München. So kommt es am 4. Juni 1956 zu einer neuen Nietzsche-Gesellschaft, die am 6. Juni in das Vereinsregister des Amtsgerichts München, Band 47, Nr. 55 eingetragen wird. Auf Lebenszeit gewählter Vorsitzender ist wie einst Dr. Friedrich Würzbach, Schriftsteller in München, jetzt Neureuther Straße 12, wohnhaft aber in Rottach-Egern; Schatzmeister wird Hermann Bader in München, Bundesbahninspektor, später auch als Psychologe bezeichnet. Das Gründungsprotokoll nimmt bezug auf die alte Gesellschaft und ihre Auflösung durch die Geheime Staatspolizei der Nationalsozialisten. Jene interessanten Frauen traten tapfer für Würzbachs Nietzsche ein. So wie wir Heutigen die Namen jener tapferen Frauen bewerten, gemessen an jenen der ersten Gesellschaft von 1919, bemaßen sich auch die Umstände der Nietzsche-Rezeption ihrer Zeit.

Der Akte liegt das Manifest der Nietzsche-Gesellschaft von 1919 bei, das schon oben wiedergegeben ist; die Situation nach dem Kriege war materiell gravierender, im Geistigen gab es hie und da einen, der die in Chaos und Leere gesammelten Splitter zu kitten suchte. »Was«, so fragt in unseren Tagen ein oberbayerischer Schreiner, der im Hause seiner Ureltern lebt, seinen Sohn, »wird von unsereinem bleiben?«

Als Zweck gibt die Neugründung in ihrer Satzung an: »Die Gesellschaft ist ein Sammelpunkt für alle, denen das Werk Nietzsches zum entscheidenden Erlebnis geworden ist. Sie pflegt die Nietzsche-Forschung und die geistige Tätigkeit in der von dem Philosophen begonnenen und gewiesenen Richtung.«

In demselben Blatt, das die Eintragung festhält, steht eine Zeile tiefer: »Mit Beschluß vom 24. April 1964 ist dem Verein die Rechtsfähigkeit entzogen worden.«

Am 14. Mai 1961 war Dr. Friedrich Würzbach gestorben. An seinem Grab

Die Chronik des Nietzsche-Kreises – Versuch einer Rekonstruktion

standen seine Witwe, Frau Dolly Würzbach, geborene Freiin von Massenbach, seine beiden Kinder Natascha und Michael und weitere Verwandte. Der Bayerische Rundfunk sendete einen Nachruf.

Würzbach war Mitarbeiter am Bayerischen Rundfunk gewesen und hatte um 1954 im Studio zusammen mit dem damals sehr bekannten Dr. Kurt Seeberger Informations- und Diskussionsabende veranstaltet. Kopf rief dem Freund in einem Brief an den Bayerischen Rundfunk nach: »... von ihm konnte man lernen, wie man auch die Polemik, den Widerspruch und selbst noch die Ablehnung vornehm gestalten konnte ...« Im Februar 1984 schrieb er über Würzbach: »Er stellte seine ganze Kraft, sein profundes Wissen und seine persönlichen Beziehungen zu fast allen Geistesgrößen seiner Zeit in den Dienst der Nietzsche-Gesellschaft.« Zu seiner Arbeit in der Gesellschaft kamen noch folgende Schriften und Bücher (sie sind unter den vorangestellten Nummern in der *International Nietzsche Bibliography* von Reichert und Schlechta, Verlag The University Chapel Hill of North Carolina Press, 1968 aufgeführt):
- 3282 Dionysos, Musarion Verlag, München 1922
- 3283 Appendices zur Musarion-Ausgabe der Werke Nietzsches
- 3284 Ariadne-Jahrbuch. Die Vertretung der Nietzsche-Gesellschaft auf dem 5. Internationalen philosophischen Kongreß in Neapel 1924
- 3285 Die wichtigsten biologischen Erkenntnisse in der Philosophie Nietzsches. Forschungen und Fortschritte, Berlin
- 3286 Nietzsche. Literarische Berichte auf dem Gebiet der Philosophie, 1929/32
- 3287 Wie Wandlung der Deutung Nietzsches. Blätter für deutsche Philosophie, Berlin 1930
- 3288 Das Erbe Nietzsches. Vossische Zeitung vom 15. Mai 1930
- 3289 Nietzsche und das deutsche Schicksal. Reclams Universum 1931
- 3290 Erkennen und Erleben, Berlin 1932
  Wiederabgedruckt unter dem Titel Die zwei Grundtypen des Menschen, Reutlingen 1941 u. Verlag Bamberger Reiter 1949
- 3292 Arbeit und Arbeiter in der neuen Gesellschaftsordnung nach Aphorismen von Nietzsche, Rundfunkvortrag Berlin 1933
- 3293 Nietzsche, der Mahner, Volksspiegel 3, 1936

In dieser Bibliographie nicht enthalten:
- Das Vermächtnis Friedrich Nietzsches (der gesamte Nachlaß Nietzsches), Pustet Verlag, Salzburg-Leipzig 1940, Wiederabdruck unter dem Titel Umwertung aller Werte, 2 Bde., dtv-Bibliothek Nr. 4027/28, München 1969, 21977.
- Nietzsche. Sein Leben in Selbstzeugnissen, Briefen und Berichten, Propyläen-Verlag, Berlin 1942. Wiederabdruck in Goldmanns Gelbe Taschenbücher Nr. 1753/54.

Die Schriften Dr. Würzbachs erreichten beträchtlich hohe Auflagen. Er besaß ein so tiefes und zugleich in die geistige Tradition Europas eingeflochtenes Verständnis Nietzsches, dass er mit seinen eigenständigen Gedanken Nietzsche immer begleiten wird.

Am 11. September des Todesjahres Würzbachs erhält Frau Dolly Würzbach seitens des Amtsgerichts eine Mahnung, Änderungen im Vorstand anzumelden. Die Mahnung wird am 12. Oktober wiederholt. Frau Würzbach antwortet am 13. Oktober und verweist auf den Schatzmeister Bader, der damals im schweizerischen Fribourg arbeitete, dergestalt, dass sich die voraussichtliche Auflösung des Vereins noch hinziehen werde. Am 20. Oktober bittet das Amt, nunmehr unverzüglich das Weitere zu veranlassen.

Bader antwortet am 18. November 1961 aus der Schweiz, es sei »umständlich und schwierig, über die genauen Verhältnisse der Nietzsche-Gesellschaft völlige Klarheit zu gewinnen... Aus den vom Herrn Präsidenten hinterlassenen Unterlagen geht hervor, dass es noch nicht möglich war, den Vorstand, welcher satzungsgemäß aus fünf Mitgliedern zu bestehen hat, vollständig zu konstituieren. Unterhaltungen mit prominenten Gelehrten waren zur Zeit des Todes von Herrn Dr. Würzbach hierüber noch im Gange. – Die Mitglieder sind über ganz Deutschland verstreut, zum Teil leben sie auch im Ausland. Bevor ich sie zu einer entscheidenden Hauptversammlung einladen kann, müssen ihre verschiedenen Auffassungen über die Zukunft der Gesellschaft in langwierigen schriftlichen Auseinandersetzungen im wesentlichen geklärt sein...«

Er vertröstet das Registergericht aufs kommende Jahr. Das Amt räumt die Frist ein.

Wie vertragen sich die Umstände der Gründung mit sechs Frauen aus München mit jenen in diesem Briefe geschilderten? Man kann sich überlegen, ob Würzbach, sei es angetrieben von Enthusiasten – Albert Kopf wird damals nicht erwähnt –, sei es um Konkurrenzgründungen unter demselben Namen abzuschneiden, die Gesellschaft sozusagen aus dem Nichts, um nicht zu sagen mit Notbehelf, wiedergegründet hatte. Denn in Baders Brief tauchen auf einmal die großen Ansprüche der alten Gesellschaft auf, die offenbar nicht erfüllt werden konnten. Nach einem Bericht Albert Kopfs vom Jahre 1975 stand Würzbach in Verhandlungen mit Karl Jaspers, Martin Heidegger – beide hatten Nietzsche-Bücher geschrieben –, mit Werner Heisenberg, Carl Friedrich von Weizsäcker und anderen, um sie zur Mitarbeit an der neuen Nietzsche-Gesellschaft zu bewegen. Allein Prof. Dr. Georgi Schischkoff von der Universität Salzburg stellte sich später dem Nietzsche-Kreis zur Verfügung, danach traten Prof. Dr. Dr. Eugen Biser und Prof. Dr. Dr. Karl Mácha mit Vorträgen auf und in jüngster Zeit andere Nietzsche-Kenner, von denen weiter unten berichtet ist.

Niemand wollte sich an Nietzsches Seite und neben seine eigene Karriere

Die Chronik des Nietzsche-Kreises – Versuch einer Rekonstruktion

setzen. Die Deutschen nach dem Kriege standen philosophischen Identifikationen zugleich nüchterner und relativierender gegenüber, und wo sie nicht dem äußeren Erfolg nachjagten, waren sie den drängenden Problemen der Nachkriegszeit und des Kalten Krieges hart auf den Fersen. Die Armut und in ihrem Gefolge das mörderische soziale Klima des 19. Jahrhunderts, das die Deutschen bis in die Mitte dieses Jahrhunderts verfolgt hatte und Völkern im östlichen Europa noch heute anhängt, und der von Not erstachelte Anteil an Tugendsamkeit, der zum lebensfernen Über-idealisieren anstiftet: sie verwandelten sich in leibliche und sogar geistige Sattsamkeit. Beides nicht im Sinne Nietzsches. Schischkoff 1975: »Die gesellschaftliche Kompetenz der Philosophie wird heute angezweifelt.« Dafür gingen die Menschen besser miteinander um. Wenigstens eine Zeitlang.

Unterm 6. April 1964 meldet sich Bader, Psychologe in Fribourg, beim Münchner Amtsgericht und gibt zu Protokoll, der Vorsitzende Dr. Würzbach sei verstorben, eine Mitgliederversammlung einzuberufen sei nicht gelungen. Die genaue Zahl der Mitglieder sei nicht bekannt; es bestehe die Möglichkeit, dass ihre Zahl schon unter drei (!) gesunken sei – er wolle sich weiter bemühen. Er bittet das Gericht um eine weitere Frist.

Dieses richtet am 15. November eine Sachstandanfrage an Hermann Bader. Dieser entschuldigt sich beim Herrn Obersekretär Pichlmeier am 30. Oktober 1962 aus Genf: Die Angelegenheit habe keine Fortschritte gemacht. Es sei nicht gelungen, mit einer entsprechenden – wohl genügenden – Anzahl von Mitgliedern, auch ehemaligen, in Kontakt zu kommen. Die Installierung eines fünfköpfigen Vorstandes sei nicht durchgeführt worden, da vorerst keine fünf sicher nachweisbaren Mitglieder aufzutreiben waren. Bader hielt es für das beste, wenn die Gesellschaft von Amts wegen gelöscht würde. Er kündigt seinen Besuch im Amt für das Frühjahr 1963 an.

Dieses antwortet am 5. November 1962, es könne der Anregung zur Löschung nicht folgen. Dies wäre nur möglich, wenn Bader eine Versicherung abgeben würde dahin gehend, dass die Mitgliederzahl unter drei abgesunken sei. Es stellt die Sache bis zum 1. April 1963 zurück. Auch andernorts war zu beobachten, dass die Rechtspfleger mit Streichungen aus dem Vereinsregister behutsam umgehen. Die Rechtsperson eines eingetragenen Vereins genießt ihren Schutz. Die Vereine bilden nicht zuletzt ihre Latifundien.

Am 5. April erscheint Bader im Amtsgericht München und bittet um eine weitere Frist bis zum 5. Oktober. Seine bisherigen Feststellungen haben doch mehr als drei Mitglieder ergeben. Er will eine Mitgliederliste aufstellen und danach eine Hauptversammlung einberufen. Am 21. November 1963 versendet das Amtsgericht eine weitere Sachstandsanfrage.

Was war da los? Waren die Vertröstungen Kulissen, hinter denen sich etwas Bedeutenderes als das Abschütteln einer lästigen Sache versteckte? Die Briefe Baders machen äußerlich einen fleißigen und properen Eindruck, der Mann verfügt über ein fehlerfreies, angenehmes Deutsch. Am 28. November schreibt er an den sehr geehrten (geduldigen) Herrn Rechtspfleger, ob eine Mitgliederversammlung noch im selben Jahr zustande kommen werde, sei noch immer nicht einwandfrei zu klären. Nur zwei Gründungsmitglieder seien noch eruierbar gewesen. So könne man die Auflösung anstreben – er zählt sich selber offenbar mit –, aber er fürchte, dass nach der Bekanntmachung der Auflösung das eine oder andere der »theoretisch noch nicht abgemeldeten Mitglieder daherkommt und Krach schlägt. Ich bin«, fährt er fort, »inzwischen auf den Einfall gekommen, den Mitgliederbestand aufzufüllen« (genauso macht man das) »und von den neuen Mitgliedern und dem Rest der alten die Auflösung beschließen zu lassen«. Er schließt bezeichnend: »Am Leben erhalten kann man die Gesellschaft vor allem deswegen nicht, weil sich kein entsprechend vorgebildeter – und williger Fachmann finden läßt, der mir mein Präsidium abnimmt.« Die Mitgliederzahl »drei« ist deswegen bedeutsam, weil das Amt, sobald sie unterschritten wird, den eingetragenen Verein löschen muß.

Das Protokoll des Amtsgerichts vom 4. Dezember 1963 besagt: »Herr Bader will nochmals sämtliche Gründungsmitglieder anschreiben und alsdann im Laufe des Monats Januar erneut erscheinen.« Am 5. Februar 1964, kurz vor der fälligen Mahnung, schreibt Bader aus Simbach am Inn dem Münchner Registergericht: »Durch eine fast zweimonatige Krankheit gehindert, die notwendige Klärung ... durchzuführen... [vom Rechtspfleger unterstrichen:] In den nächsten vier Wochen obliegt es mir, die ... von meiner Arbeitsstätte angefallenen Rückstände in Ordnung zu bringen, so dass ich bitten möchte, mir einen neuen Termin für Ende März zu genehmigen.« Er muß zuvor Büros in Fribourg, Genf, Lyon, Paris und London aufsuchen. Sein Domizil in Fribourg sei fraglich.

Die Behörde bestätigt am 10. Februar mit einfachem Brief, es werde bis 15. April eine weitere Frist bewilligt. Sie stöhnt: »Es wäre doch jetzt langsam an der Zeit, eine Versammlung einzuberufen ...« Bader war selber Beamter gewesen und kannte sich mit den Schickungen und Rückungen der Behörden aus. Aber welche Agonie!

Am 24. April 1964 schreibt Bader dem Registergericht:

»Sehr geehrte Herren! Als gegenwärtiger geschäftsführender Präsident der Nietzsche-Gesellschaft e. V. stelle ich gemäß 73 BGB den Antrag, diesem Verein die Rechtsfähigkeit zu entziehen. Es wird versichert, dass die Zahl der Vereinsmitglieder unter drei gesunken ist. Bei einer Durchleuchtung des Mitgliederbestandes ergab sich, dass von den neun Gründungsmitgliedern kein einziges mehr dem Verein angehört, so dass dieser gegenwärtig nur mehr aus dem Unterzeichneten besteht.«

Paukenschlag! Entsprechend entzieht das Amtsgericht am 24. April 1964 der Nietzsche-Gesellschaft e. V. mit dem Sitz in München die Rechtsfähigkeit. Bader – er war also zugegen – unterschreibt am gleichen Tage.

Die Chronik des Nietzsche-Kreises – Versuch einer Rekonstruktion

Am 1. Juni desselben Jahres verfügt Rechtspfleger Penzkofer vom Münchner Registergericht die Einholung eines Notfristattests beim zuständigen Landgericht, der vorgeordneten Behörde. Warum? Diese gibt »Zurück an das Amtsgericht München, Registergericht« am 11. Juni 1964. Das Amtsgericht gibt die Streichung am 16. Juni zur Veröffentlichung.

Erst am Tage, an dem die Löschung zur Veröffentlichung freigegeben wird, richtet die Nietzsche-Gesellschaft München mit gleichlautendem Briefkopf, aber ohne »e. V.«, und der Adresse München, Herzog-Wilhelm-Straße 22 – es ist die Adresse Dr. Schweigers – einen Brief an das Münchner Registergericht und ersucht, dessen Löschungsbeschluß vom 24. April aufzuheben. Die Mitgliederzahl sei nie unter das Minimum gefallen. Die früheren Mitglieder seien nie ausgeschieden. Sie seien vor Mitteilung an das Registergericht auch nicht angeschrieben worden. Das Registergericht weist am 22. Juni Dr. Schweigers Erinnerung als verspätet zurück.

Die Rechtspfleger hatten jedenfalls von dieser Latifundie die Nase voll. Dr. Schweiger seinerseits betrieb die Nietzsche-Gesellschaft ohne das »e. V.« weiter.

Im September 1994, während der Erstellung dieser Chronik, verstarb Dr. Schweiger. Wir werden wohl nie erfahren, wie es unter seiner Leitung zum Wiederaufleben der Gesellschaft kam.

Die Ära Schweiger:
»Gemeinschaft zur Förderung der Nietzsche-Forschung«

Wer war Dr. Michael Schweiger, Rechtsanwalt in München? Die ihn treibende Kraft kam vermutlich aus dem Hintergrund. Albert Kopf hatte bald nach dem Krieg Würzbach kennen gelernt. Kopf war, was Nietzsche betrifft, zeit seines Lebens von Sendungsgeist erfüllt, besaß indes keine geisteswissenschaftliche Ausbildung. Obwohl er außerordentlich belesen war und auch veröffentlichte, suchte er immer nach einer akademisch ausgewiesenen Vaterfigur, welche die Nietzsche-Gesellschaft zu der schon von Würzbach beabsichtigten strahlenden Blüte bringen würde. Schweiger und Kopf gemeinsam waren es wohl, die die Gesellschaft mit einem flugs entworfenen Briefkopf ohne »e. V.« wiederaufleben ließen.

Allerdings, als Würzbach seine zweite Nietzsche-Gesellschaft gründete – damals ein ebenso improvisiert anmutender Akt –: Wo war da Albert Kopf, der ihn überdies zur Gründung gedrängt haben soll?

Und dennoch! Als Schweiger sich später von der Gesellschaft trennte, schien sich Kopf mit seiner Ansicht vor den Mitgliedern oder Anwesenden durchgesetzt zu haben. Er war es auch, der die unumgängliche Arbeit des Sekretärs der Gesellschaft leistete.

In den Jahren 1965 und 1966 unternahm Dr. Schweiger mehrere Ansätze, gemeinschaftlich zu einer Vereinssatzung und damit endlich zu einer Eintragung der Gesellschaft ins Vereinsregister zu kommen, was indes nie gelang, denn das Vereinsregister in München besagt nichts darüber. Das wesentliche einer Vereinssatzung sind die Vereinsziele, und so legten die Nietzsche-Freunde um Schweiger und Kopf, in der ausgesprochenen Überzeugung, Nietzsche werde der Menschheit die Richtung in die kommenden Jahrhunderte weisen, einen Dreißig-Jahres-Plan für die Nietzsche-Gesellschaft auf. Es ist anzunehmen, dass es sich wieder darum handelte, die Nietzsche-Gesellschaft durch wissenschaftliche Arbeit auf die Höhe zu bringen.

Ein Dokument unmittelbar dazu ließ sich nicht finden. Doch unterm 13. Oktober 1965 verfaßte Kopf ein Papier mit dem Namen »Aufgaben der Nietzsche-Gesellschaft«. Danach sollte eine Nietzsche-Biographie mit Jahrestafeln zum Leben, zu den Werken und zu den Reisen Nietzsches erstellt werden, Begegnungen Nietzsches mit bedeutenden Zeitgenossen, Freunden, Förderern und Gegner sollte erstellt werden, alle Briefe und Briefentwürfe sollten enthalten sein, zudem Berichte und Urteile von Zeitgenossen, alle erreichbaren Angaben über Krankheiten sowie endlich Bilder Nietzsches, seiner Verwandten, Freunde, Lehrer und so weiter. Eine Bibliographie sollte 1. die gesamte Nietzsche-Literatur Deutschlands und des Auslands von 1870 an erfassen, 2. »Ordnende Ausgaben mit Vollständigkeit des jeweils gewählten Inhalts«, 3. »Sachliche Ordnungen zusammenhängender Gedanken und zusammengehörender Gebiete (einschl. Nachl.)« und 4. sollte ein »philosophisches Sachregister mit Angabe der einschlägigen Nietzsche-Literatur« erstellt werden –ein immenses Pensum, dessen ersten Teil, die Bibliographie, Kopf mit Erfolg in Angriff nahm. Die Nietzsche-Gesellschaft sollte Verbindung mit außerdeutschen Nietzsche-Gesellschaften aufnehmen. Ein Verlag zur Herausgabe der Übersetzung des sechsbändigen Werkes von Charles Andler, *Nietzsche, sa vie et sa pensée,* Paris 1921–31 sollte gefunden werden. Ein Vorstoß wurde geplant, um das Nietzsche-Archiv in Weimar westdeutschen Forschern zugänglich zu machen. Eine Bibliothek war anzulegen, und philosophische Zeitschriften waren zu abonnieren. Schließlich stand ein eigener Raum für die Nietzsche-Gesellschaft mit Bibliothek, Geschäftsstelle, Telephon und so weiter auf der damaligen Wunschliste.

Unter demselben Datum gibt es einen Organisationsplan der damals noch so genannten Nietzsche-Gesellschaft. Die Aufgaben der Leitung umfingen die Werbung, die Mitgliederbetreuung, Vereinsangelegenheiten, Kassenführung und Stiftungen (!). Ein weiterer Punkt nennt Forschungsaufgaben im Zusammenhang mit Universitäten, Archiven, Bibliotheken. Ausgaben von Werken und Noten Nietzsches, Archivgegenstände, Urkunden, Photos und Bilder sollten gesammelt werden. Die Korrespondenz sollte auf andere Nietzsche-Gesellschaften, zeitgenössische Philosophen, Verleger und wissenschaftliche Gesellschaften ausgedehnt werden. Schriftliche Arbeiten betrafen die Bibliographie, Jahresberichte, Rundfunksendungen und allgemein die Pressearbeit. Am Ende steht die Bibliothek.

Soweit bekannt, blieb dieser Entwurf in weiten Teilen unausgeführt, allein weil er die Kraft eines einzelnen übersteigt. Von der von Kopf angelegten Bibliothek gelangte eine unübersichtliche Reihe von 110 Titeln – die letzte erkennbare Ordnungsnummer ist 429 – von den Erben Kopfs an den heutigen Nietzsche-Kreis; was davon aus den Zeiten Würzbachs und Schweigers überkommen ist, läßt sich nicht mehr ausmachen. Eines Tages standen, als die heutige Vorsitzende von der Arbeit heimkehrte, kommentarlos Kartons mit Leitzordnern und Büchern vor ihrer Haustüre. Diese Sachen sind aufbewahrt, nachdem die Seidlvilla nach einigem Verhandeln abgelehnt hatte, sie zu verwahren und zu beaufsichtigen.

Man sollte, wenn man das Sendungsbewußtsein der Nietzsche-Anhänger jener Zeit ins Auge faßt, das Selbstbild der Europäer noch der fünfziger Jahre bedenken: Die europäische Philosophie hatte im vergangenen Jahrhundert eine Höhe erreicht, für die es nirgends in der Welt Vergleichbares gibt, wenn man zu der Arbeit der europäischen Denker deren Intellektualität mitveranschlagt, mit der sie ihre Einsichten formulierten. Bis in die Zeit nach den beiden Weltkriegen lagen in den Zigarettenschachteln Reklamebildchen mit Menschen aus Schwarzafrika, die sich die Zähne feilten. Die kirchenchristliche Mission glaubte, sie könne den Wilden sagen, »was die Welt im Innersten zusammenhält«. Inzwischen haben sich diese Gesellschaften gewandelt; überdies muß man bedenken, dass alle intakten Gesellschaften, zumal jene der sogenannten Dritten Welt, sofern sie nicht in ihrer Spiritualität vom Westen korrumpiert sind, ihren kulturell institutionalisierten Draht zum Überirdischen haben. Das Beste an ihrer Geistigkeit wirft ein Licht auf unsere großen Philosophen, in dem wir ihre wahre Tiefe erst wiedererkennen. Dies gilt u. a. für Platon, Descartes, Kant, die deutschen Idealisten, besonders Hegel, und schließlich Nietzsche. Bei uns wurde der Weg des Verstandes ohne die ihn begleitende Oberinstanz Vernunft beim akademischen Philosophieren unter dem Eindruck eines totalitären Rationalismus und endlich einer ins Materialistische pervertierten Aufklärung so sehr bevorzugt, dass er uns, den Nach-Denkern, die auf Dreiviertel des Weges stehenblieben, das Denken auf die niederen Gefilde des Geistes einengte.

Heute meinen wir begriffen zu haben, Nietzsche sei unter vielen jene Stimme, die, sagen wir so, gerade in diese Zivilisation geschickt wurde. Seine Stammesgenossen sind indes so hartnäckig, dass sie entweder nichts vernehmen oder – schlimmer – seine Gedanken als Treibstoff für ihren persönlichen Trip mißbrauchen. Für den heutigen Nietzsche-Kreis bedeutet das: Der Geist wehet, wo er will – und das höchste ist, ihm ein Forum zu geben.

Denn in keiner Seele lebt, was sie nicht selbst erworben hat. Kein Sendungsbewußtsein kann ihr irgend etwas verordnen.

Der Tätigkeitsbericht der Gesellschaft vom Dezember 1968 zitiert den Marburger Kirchengeschichtler Prof. Dr. Ernst Wilhelm Benz: »Nietzsche wird zum Propheten einer neuen Möglichkeit des Christentums, er wird zum Verkünder eines kommenden ordo evangelicus, einer neuen imitatio Christi.«

Die Gestimmtheit wenigstens eines Mitgliedes der damaligen Gesellschaft, Frau Inge Schwarz, liest sich daran ab, dass sich unter den damals aufbewahrten Dokumenten ein Auszug aus *Zeit muß enden* von Aldous Huxley findet: »... dass es dem Menschen möglich ist, den Urgrund zu lieben, zu erkennen und von virtueller ... zu aktueller ... Selbigkeit mit dem Urgrund zu gelangen. Dass diese einende [!] Erkenntnis zu erlangen, diese höchste Identität zu verwirklichen, das letzte Ziel und der Zweck menschlichen Daseins ist.« Fanden die Nietzscheaner jener Zeit hier den Übermenschen Nietzsches wieder? Die damalige Korrespondenz zwischen Else Kornetzki und Kopf lief, noch auf einer materialistisch-evolutionistischen Basis, die Würzbach schon verworfen hätte, darauf hinaus. Doch ein Brief des Mitgliedes Inge Schwarz der Gesellschaft jener Zeit verknüpft anhand von Veröffentlichungen des Theologen Otto Wolf den indischen Weisen Sri Aurobindo, der ganz wesentlich die Individuation bejaht, mit Nietzsche (inzwischen ist Wilfried Huchzermeyer unter dem Titel *Der Übermensch* der Sache nachgegangen, 1986 veröffentlicht in Gladenbach). Der Name »Übermensch«, den Nietzsche dem Menschen gegeben hat, der über das Menschsein hinaus ist, stört aber damals wie heute den klaren Gedanken. Ernst Bloch, dieses Verwirrspiel beiseite schiebend, in *Geist der Utopie*: »Das Umgedachtwerden der Welt auf »den großen Menschen« steht vor der Tür, auf dass wir uns endlich mit Ernst als das Prinzip erkennen, das alle Umsetzung der Welt leitet.«

Else Kornetzki trat in der Gesellschaft häufiger mit Vorträgen auf. Sie be<u>schäftigte</u> sich lebenslang mit dem Phänomen Evolution auf allen denkbaren Ebenen. Anschließend an Nietzsches Bemerkung über »unsere Freimaurerei ... ohne Abzeichen, Mysterien und Bekenntnisformeln«, die er in einem Brief vom 6. April 1867 an seinen Freund von Gersdorff tat, schrieb sie am 2. März 1966 an Kopf:

»... Eine Erlösung der Menschheit verneint sich auf jeden Fall, die Evolution kann nur beim Individuum beginnen, sich bei Vorhandensein eines ergänzenden Partners zur Familie entwickeln und aus solchen Familien zu einer Gemeinschaft führen. Diese Individuen werden Merkmale haben, die sie nicht im Sinne einer Elite über andere stellen, sondern die sie »spezifisch« von anderen unterscheiden, wie es als einziger Dr. Friedrich Würzbach unmißverständlich ausgedrückt hat ... Damit wäre die Überart, die Übermenschheit, erreicht ... Diese neue Art lebt neben den Menschen, räumlich

Die Chronik des Nietzsche-Kreises – Versuch einer Rekonstruktion

innerhalb der Menschheit, nur geistig über den Menschen. Es wird also eines Tages nicht keine Menschen, nur Übermenschen geben, sondern die Menschen werden weiter existieren ...«
– das war vermutlich schon immer so.

»Hierin liegt Nietzsches Begriff der »großen Loslösung« verborgen ... »Die Sorglichsten fragen heute: wie bleibt der Mensch erhalten? Zarathustra aber fragt als der Einzige und Erste: wie wird der Mensch überwunden?« Aber da der Mensch stets nach Macht gestrebt ... hat, muß die neue Geschöpfart, um nicht vom Menschen, der im Übermenschen etwas ihm Nicht-Begreifliches und somit etwas Feindliches sieht und sehen muß, vernichtet zu werden, eine andersartige Macht entwickeln ... »Selbstbeherrschung und Mäßigung ist ihr letztes Motiv« (Aphorismus 109).«

Wem fällt bei jener »andersartigen Macht« nicht Nietzsches »Wille zur Macht« ein? Mit einem solchen Verständnis übrigens wandte sich Kornetzki schon während der Zeit der Nationalsozialisten gegen jede Verwendung Nietzsches in deren Sinne.

Was soll indessen diese Herabdrückung des Geistes ins Soma, wo er als Geist verneint ist? Der Geist erreicht die Materie, aber nicht umgekehrt. Nietzsche selbst hat solchen »genetischen« Mißverständnissen mit seinen Physiologismen Vorschub geleistet.

Jene dreißig Jahre des Plans für Nietzsche-Gesellschaft und -Kreis sind verstrichen. Die Einladungen Schweigers zu den Abenden der Nietzsche-Gesellschaft jener Zeit sind Durchschlagkopien von der Schreibmaschine. Es kann sich also nicht um sehr viele Mitglieder gehandelt haben. Genannt sind Hans Glöckner, Frau Hefele, Albert Kopf, Else Kornetzki, Herr Jakob, Dr. Schweiger, Frau Schwarz und Herr Sikora. Sie hauptsächlich bestritten die Vortragstätigkeit. Ein Mitglied trat 1966 aus, weil es nach einem Vortrag unter seelischen Belastungen litt. Tagungsörtlichkeiten waren die Torggelstuben, das Künstlerhaus, die Gaststätte KGH oder auch die Wohnung eines Mitglieds. Der Jahresbeitrag lag zwischen zwölf und vierundzwanzig Mark. Die Einnahmen lagen 1965 bei 176 Mark, 1967 waren es noch 135 Mark. Aus dem Jahre 1966 und erneut 1969 finden sich entmutigte Briefe Kopfs mit der Frage, ob sich weiterzumachen lohne. Und über dem Verständnis des Lebens Nietzsches und den Aussagen zu seinem Selbstverständnis sind wir immer noch uneins – es gibt viele kluge Verständnisse. Der heutige Nietzsche-Kreis lädt ein, um über sie nachzudenken.

Über die Versammlung vom 25. August 1965 berichtend, schrieb der Münchner Merkur unter der Überschrift *Fünfhundert Nietzsche-Titel seit 1945*:

»Zum 65. Todestag des Philosophen lud die Nietzsche-Gesellschaft zu einer Gedenkfeier im Künstlerhaus ein. Ihr Vorsitzender, Dr. Schweiger, charakterisierte kurz die Stationen in Nietzsches Leben und Schaffen, wobei er auf die »typische Dialektik« des Werkes hinwies. Kammersänger C. Embacher sang ein von Nietzsche vertontes Lied des ungarischen Freiheitsdichters Sándor Petöfi vor (dessen Lyrik Nietzsche 1862 kennengelernt hatte). – In einer »nahezu vollständigen« Bibliographie, von der Nietzsche-Gesellschaft zusammengestellt, werden seit 1945 rund 500 Titel nachgewiesen, die in aller Welt über Nietzsche erschienen sind.«

Ein eigener Tätigkeitsbericht sagt darüber, die von der Gesellschaft erworbenen und gesammelten Schriften enthalte die deutsche Sekundärliteratur ziemlich lückenlos und erfasse die auswärtige für den Zeitraum 1945 bis 1965. Die Veranstaltung im Münchener Künstlerhaus zeigte eine Ausstellung von Nietzsche-Dokumenten, von Bildern und Büchern.

Ferner sei damals zur Nietzsche-Gesellschaft in der Schweiz Verbindung aufgenommen worden, ebenso zur Philosophischen Gesellschaft in Zürich und zur Stiftung »Nietzsche-Haus« in Sils-Maria sowie zum Pfarrer im sächsischen Röcken, dem Geburtsort Nietzsches, wo er und seine Schwester auch begraben liegen. Kopf als Schriftführer berichtet:

»Von 1965 bis 1969 veranstalteten wir 45 Vorträge, zwei Reisen [1965 und 1968] nach Sils-Maria [im dortigen Nietzsche-Haus fand die Expedition Noten Nietzsches, die kopiert werden durften], eine Gedenkfeier zum 65. Todestag Nietzsches im Münchner Künstlerhaus. Von 1969 bis heute [Brief vom 25. Februar 1982] folgten 117 Vorträge, eine Gedenkfeier zum 75. Todestag Nietzsches im Lenbach-Haus [München]. Wir schafften Neuerscheinungen der Sekundärliteratur über Nietzsche und antiquarische Bücher an.«

Die Nietzsche-Gesellschaft bot also, wie immer, vornehmlich Vortragsabende an und lebte in ihnen: fünfzehn der oben erwähnten Vorträge bis 1969 wurden allein von Albert Kopf bestritten. Er hatte Verbindung zur schweizerischen Nietzsche-Gesellschaft, 1965 zur Société Francaise d'Etudes Nietzscheénnes in Paris aufgenommen. 1966 untersuchten die Mitglieder den Einfluß des Übermenschengedankens auf die Literatur und das Verhältnis Nietzsches zu den Frauen. 1967 wurden grundlegende Begriffe Nietzsches allgemein dargestellt und ebenso sein Musikschaffen und sein Verhältnis zu Richard Wagner. Seine Lebensdaten wurden im Hinblick auf seine Wandlung vom Philologen zum Philosophen in Augenschein genommen. Nietzsches Verhältnis zum Begriff »Glück« war ein Thema, seine Darlegungen über Erziehung ein anderes.

Die Ära Kopf: Nietzsche-Kreis München – »Gemeinschaft zur Pflege der Philosophie Nietzsches«

Wie eine Einladung an die Mitglieder vom 10. Februar 1969 meldet, referierte Kopf an einem Märzabend unter dem Titel »Der Weg des Nihilismus von Nietzsche bis heute«, der auf einen Vortrag Schweigers vom 13. Januar

1969 mit dem Titel »Nietzsches Thesen zu den deutschen Bildungsanstalten« folgte. Damit begann Kopf eine Vortragsreihe über den »Nihilismus«, mit der der damalige Vorsitzende Dr. Schweiger so wenig einverstanden war, dass er den Vorsitz niederlegte, aus der Gesellschaft austrat und an Albert Kopf alle Akten und Bücher übergab. Die Rückseite besagter Einladung trägt handschriftliche Vermerke von Kopf, darunter »Dr. Schweiger ... ging vor Beginn meines Vortrags«. Es war die Zeit der Studentenrevolte. Der *Spiegel* vom 22. Juni 1968 verwendete in seinem Bericht über die Unruhen einen Nietzsche-Satz aus *Jenseits von Gut und Böse* als Motto: »Die Deutschen: »Sie sind von vorgestern und von übermorgen, sie haben noch kein Heute.«»

Am 15.April 1969 schrieb der Rechtsanwalt Dr. Michael Schweiger an Albert Kopf, den Schatzmeister der damaligen Münchner Nietzsche-Gesellschaft:

»Nach der gestrigen Bekanntgabe Ihres Weißbuches mit Ultimatum (Unterwerfung unter Ihre Meinung oder Einstellung der Vorträge) und den Erläuterungen durch Sie vermag ich eine Affinität mit dem großen Philosophen und seinem Werke nicht mehr zu erkennen. Da damit die Grundlage für eine weitere Mitarbeit entfallen ist, erkläre ich hiermit meinen Austritt aus der Nietzsche-Gesellschaft satzungsgemäß zum 31.12.1969.«

Unter demselben Datum bedankt sich Schweiger bei Kopf für dessen »Mitarbeit und Mitgehen auf dem Wege zur Philosophie Nietzsches«. Offensichtlich besaß Kopf ein großes Gewicht in der Nietzsche-Gesellschaft jener Tage, denn warum trat Schweiger, der Vorsitzende, aus?

Im oben schon zitierten Brief Kopfs an Dr. Hohmann sind die Ursachen des Zwists deutlich genannt: »Grundsätzliche und unvereinbare Differenzen in der Nietzsche-Exegese zwischen Dr. Schweiger und mir veranlaßten ihn, im April 1969 auszutreten.«

Vermutlich verstand Kopf, wie auch Else Kornetzki, die angesichts des Mordens im Ersten Weltkrieg ihre Lebensgrundstimmung fand, den Nihilismus im Sinne Nietzsches als »Melancholia«, nämlich als ein übrigens von Dürer und Giorgione so versinnbildetes Durchgangsstadium, in dem sich der Mensch von der Welt abwendet, entweder aus sich heraus oder weil sich ihm die Welt in einer Art Zusammenbruch zumal der Werte versagt. Kopf, der in der Nietzsche-Interpretation das Erbe Würzbachs vertrat und sich wie dieser vor allem vom »Zarathustra« leiten ließ, hat diesem Thema ein Buch gewidmet. Die Gedanken über Bildung dagegen scheinen Schweiger angelegen gewesen zu sein, und damit verträgt sich ein Nihilismus, auch wenn er einer Umwertung aller Werte vorangeht oder sie gar ermöglichen soll, nur schwer. In demselben Sinne schien sich Schweiger, wie aus einem Brief Kopfs an Kornetzki vom 30. April 1967 hervorgeht, in seiner Tätigkeit für die Gesellschaft auf den Nietzsche von 1865 bis 1875 beschränken zu wollen, während Kopf das Fazit der Lebensarbeit Nietzsches erst in den späteren Darlegungen fand.

Aus einem Brief Kopfs vom 27. Mai 1969 geht schließlich hervor, dass Dr. Schweiger zusammen mit einer Freundin der Familie Kopf eigene Nietzsche-Gesellschaft-Wege gegangen zu sein scheint. Kopf hatte immer neue Schwierigkeiten, ein Veranstaltungslokal zu finden, und nun trafen Kopf und Dr. Schweiger mit zwei Veranstaltungen an verschiedenem Ort zum gleichen Termin zusammen, ohne dass Kopf davon Meldung hatte! Was aus den Aktivitäten Schweigers wurde, verliert sich im Dunkel. Noch vom 17. Dezember 1969 gibt es einen freundschaftlich gehaltenen Brief an Kopf mit einer Weihnachtsgabe und einer Einladung zum Nietzsche-Abend. Schweiger hat das Verdienst um die Kontinuität der Nietzsche-Gesellschaft in sehr schwieriger Zeit.

Eingedenk eines Versprechens, das er Dr. Würzbach gegeben hatte, machte Albert Kopf aus diesem Ende abermals einen Neuanfang. Von April 1969 an bis 1987 war Kopf Vorsitzender der Münchener Nietzsche-Gesellschaft. Am 23. Juni 1969 leitete er eine neue Vortragstätigkeit ein; Tagungsorte waren der »Spatenhof« in der Neuhauserstraße, der »Ratskeller«, das Hansa-Haus und der »Wienerwald am Hofgarten« in München. Er hielt allein mehr als 50 Vorträge seit jener Zeit. Er hatte Erfolg im Bemühen, den Kreis um Hörer und Mitglieder zu erweitern. Für den 9. Oktober 1975, den 75. Todestag Nietzsches, gestaltete er einen vielbesuchten und beachteten Gedenkabend in der Städtischen Galerie im Münchener Lenbach-Haus. Den Festvortrag hielt der bekannte Nietzsche-Experte Prof. Dr. Georgi Schischkoff. Kopf begrüßte Vertreter der Klages-Gesellschaft, der Freireligösen Gemeinde, der Kant-Gesellschaft, der Schopenhauer-Gesellschaft und der Humanistischen Union sowie Professoren der Universität München.

Kopf benannte die Gesellschaft bald in Nietzsche-Kreis um. In einem Brief an Dr. Hohmann, den Vorsitzenden des Nietzsche-Kreises Essen, kommentiert er:

»Die Bezeichnung »Nietzsche-Gesellschaft« erschien mir in Erinnerung an die alte Nietzsche-Gesellschaft [nämlich Würzbachs] als zu hochtrabend, anmaßend und für unsere bescheidene Leistung unangebracht ... Für eine Nietzsche-Gesellschaft mit der früheren Bedeutung fehlt eben eine Persönlichkeit mit dem Format Dr. Würzbachs ... Wieder eine Nietzsche-Gesellschaft ins Leben zu rufen, die den Rang, die internationale Bedeutung, den hohen philosophischen Wert wie die Nietzsche-Gesellschaft von Dr. Würzbach hatte, könnte nur gelingen, wenn die führenden Köpfe in Philosophie, Wissenschaft, Kunst und Literatur, wie sie Dr. Würzbach zur Seite standen, für diese Idee zu gewinnen und zur entsprechenden Mitarbeit bereit wären. Dazu gehört allerdings viel Begeisterung und Idealismus, woran es heute sehr zu mangeln scheint. In den Vorlesungsverzeichnissen der Universitäten

(Philosophische Fakultät) findet man kaum Vorlesungen über Nietzsche und seine Philosophie angezeigt ... Ich würde es ... sehr begrüßen, wenn Ihr und unser Nietzsche-Kreis einen Weg der Zusammenarbeit finden könnten ... Vielleicht könnten bei bestehenden Beziehungen von Ihrer Seite auch in anderen Orten weitere Nietzsche-Kreise gebildet werden, die sich dann, nach der notwendigen und erwünschten Entwicklung und Konsolidierung endlich zu einer Neugründung einer »Deutschen Nietzsche-Gesellschaft« zusammenschließen könnten; das ist der dringendste Wunsch meines Lebens, den ich seit dem Tode Dr. Würzbachs verfolgt, aber bis heute nicht erreicht habe.«

Wie man sieht, findet sich an Kopf eine Eigenschaft, die für den Engagierten nicht immer selbstverständlich ist: er trat trotz mancher tiefgehenden Entmutigung unermüdlich für die Sache ein. Kopf unterhielt eine reichhaltige Korrespondenz mit Mitgliedern, um sie immer wieder zur Teilnahme zu bewegen, und erinnerte mancherlei Damen und Herren immer wieder, und meist vergebens, an ihre versprochenen Vorträge. Seine Kontakttätigkeit im Dienste am Werke Nietzsches zu Instituten und Organisationen war unermüdlich.

In der Darstellung seines Lebens folgen wir den Ausführungen Dr. Egon von Niederhöffers, die dieser im Werk Albert Kopfs *Der Weg des Nihilismus von Friedrich Nietzsche bis zur Atombombe,* München 1988, gibt:

Albert Kopf kam am 13. April 1903 in Landshut als Sohn eines Schriftsetzers zur Welt, der ihm seine enge Vertrautheit mit der deutschen Sprache mitgab. Kopf hielt sich mit neun Jahren fassungslos die Berichte vom Untergang der »Titanic« vor Augen, und im selben Jahr zerstörte eine Naturkatastrophe den Vorort Altdorf seiner Heimatstadt. Vom Kriegsbeginn 1914 erzählte Albert Kopf, wie er vom Landshuter Kasernenhof her tagelang das Schleifen der Reitersäbel hören mußte. Einen Bruder hatte er mit neun Jahren tragisch verloren, der andere fiel 1915 in Frankreich. Nietzsche hatte gesagt: »Meine Schwermut will in den Verstecken und Abgründen der Vollkommenheit ausruhn: dazu brauche ich Musik.« Musik begleitete Kopfs Leben.

In den Gymnasialjahren fand Albert Kopf einen Lehrer, der ihm mit Gesprächen über Lebensprobleme den Ausblick auf die Philosophie öffnete. Ausgerechnet in der katholischen Pfarrbücherei stieß er auf das Buch *Morgenröthe* von Friedrich Nietzsche, dessen Werk ihn von da an begleitete. Dies alles kann Kopfs Eintreten für Nietzsche bis in ein sehr hohes Alter und seine Sorge um den Nietzsche-Kreis erklären. Nietzsche hat er intensiv studiert, und die Reflexe des Philosophen in der Sekundärliteratur, die mehrere tausend Titel umfaßt, hat er weithin gekannt. Zu dem Kreis, in dem Albert Kopf sich orientierte, gehörten die Philosophen Schopenhauer, Husserl, Jaspers, Heidegger und Klages sowie Oswald Spengler, dessen Werk *Untergang des Abendlandes* als »Morphologie der Weltgeschichte« deutlich an die Gedanken Nietzsches über Kultur anknüpfte und diese mit überzeugender Logik weiterzuführen schien.

1932 stieß Albert Kopf auf das Buch *Erkennen und Erleben* von Friedrich Würzbach, dessen geistige Verwandtschaft mit Nietzsche ihm sofort auffiel. Würzbach stellte sich als Präsident der 1919 gegründeten Nietzsche-Gesellschaft heraus, die damals internationales Ansehen genoß. Eine engere Verbindung zwischen Albert Kopf und Dr. Würzbach ergab sich indes erst nach 1945.

In den dreißiger Jahren faßte Albert Kopf die Idee zu einer chronologischen Darstellung der Welt- und Kulturgeschichte in Tabellenform, mit der ein Leser Gleichzeitigkeit und Aufeinanderfolge historischer Ereignisse zu überblicken vermöchte. Doch er stellte bald fest, dass die damit verbundene Arbeit die Kraft eines einzigen Mannes überstieg. Werner Stein (1946) wie auch Arno und Anneliese Peters (1952) haben diese Arbeit später mit zahlreichen Mitarbeitern in Angriff genommen. Eine andere Idee des einfallsreichen Mannes war die Notenschreibmaschine. Die Entwürfe dazu gingen im Krieg verloren.

Im April 1939 wurde Albert Kopf zu Vermessungsaufgaben am Westwall dienstverpflichtet und am 28. August, gerade zu Beginn des Krieges, zur Wehrmacht eingezogen. Er nahm am Frankreichfeldzug teil und erlebte die Kriegsschauplätze der Ostfront bis tief nach Rußland hinein. Als seine Soldatenzeit zu Ende war, am 13. Mai 1945, zählte er 42 Jahre. Die Katastrophe und die Nachkriegsjahre forderten ihm, und vielen anderen, alle geistige und physische Kraft ab.

Er suchte neuen Lebenswillen in der Musik, mit deren Theorie er sich seit 1925 befaßt hatte. Um 1946 lernte Albert Kopf den Dirigenten Hans Rosbaud kennen, der mit den Münchner Philharmonikern den Musikbetrieb wieder in Gang gebracht hatte. Von Rosbaud, der mit Vorträgen in seine Aufführungen einführte, erlernte er das Partiturlesen. Mehrere Lieder für Alt und Klavier stammen aus Albert Kopfs Feder, und seine drei Streichquartette wurden vom Sonnleitner-Quartett, dem Streichquartett der Münchner Philharmoniker, uraufgeführt.

Dem Vorbild Rosbauds folgend, hielt Albert Kopf an den Volkshochschulen München und Grünwald Einführungsvorträge über die neun Symphonien Bruckners und die zehn Tondichtungen von Richard Strauss. Die innige Verbindung von Philosophie und Musik im op. 30, *Also sprach Zarathustra*, von Strauss brachte er wiederholt im Vortrag vors Publikum. Mit Ausnahme von Werken Alban Bergs konnte er sich mit den Versuchen der in der musica viva aufgeführten modernen Musik nicht anfreunden, obwohl er deren Konzerte dreißig Jahre lang abonniert hatte.

1950 lernte Albert Kopf endlich Dr. Würzbach kennen, als dieser zum 50. Todestag Nietzsches einen Gedenkvortrag hielt, umrahmt von Liedern

Nietzsches. Albert Kopf stimulierte den Gelehrten, die 1943 von der Geheimen Staatspolizei verbotene Nietzsche-Gesellschaft wieder ins Leben zu rufen. Die Sorge Würzbachs um das Weiterleben der Gesellschaft behielt Albert Kopf bis zuletzt im Ohr.

Hohmanns Nietzsche-Kreis Essen e. V. mit Sitz in Brilon – »Freundes- und Arbeitskreis zur Förderung des Vermächtnisses Friedrich Nietzsches«

Da es eine Zeit fruchtbarer Zusammenarbeit zwischen dem Essener und dem Münchner Nietzsche-Kreis gegeben hat, müssen die westdeutschen Begebenheiten an dieser Stelle gewürdigt werden. Der Nietzsche-Kreis Essen e. V. mit späterem Sitz in Brilon nannte sich mit einem Untertitel »Arbeits- und Freundeskreis zur Förderung des Vermächtnisses Friedrich Nietzsches«. Sein verdienstvoller Initiator, Dr. W. L. Hohmann, berichtet:

Drei Menschen, Dr. Friedrich Haller, Dr. Heinz-Georg Kuttner und Dr. W. L. Hohmann, fuhren 1978 gemeinsam zu einem Treffen der Stephan-George-Gesellschaft, deren Mitglied Hohmann ist, nach Bingen. Auf dieser Fahrt wurde die Idee geboren, einen Nietzsche-Kreis zu gründen. Am 04.06.78, zu Georges Geburtstag, fanden sich im Düsseldorfer Bahnhofs-Café zehn Gründungsmitglieder ein. Eines davon brachte Hohmann aus dem Nietzsche-Kolloquium, das alljährlich im September in Sils-Maria stattfindet, mit: August Wilhelm Beutel, Kaminkehrermeister aus Hamburg. Die Interessenten trafen sich seit 1978 einmal monatlich in der Universität Düsseldorf, deren Direktor, Prof. Dr. Alwin Diemer, einen Tagungsraum zur Verfügung gestellt hatte. Da die Universität ihre Räume früh schließt, zogen die lebhaft diskutierenden Nietzsche-Freunde ins Bahnhofs-Café um, und zu ihrem Treffen dort gesellten sich von Abend zu Abend mehr und mehr Zuhörer. Durch Vermittlung von Dr. Heinz Georg Kuttner stieß damals schon Prof. Dr. Dr. Karel Mácha zu diesem Kreis. Auch das Hotel Diening und Hohmanns Gartenhaus dienten als Tagungsstätten. Die Essen-Kettwiger Zeitung berichtete darüber. 1979 schlug Dr. Hohmann vor, aus dem Kreis einen eingetragenen Verein zu machen. Dieser wurde im Bahnhofs-Café in Düsseldorf, offiziell jedoch in Brilon gegründet.

Der Verein mußte, weil immer mehr Menschen zu ihm stießen, professionell organisiert werden. Gerade als das Hotel Diening nach einem Herzinfarkt seines Besitzers als Tagungsort ausfiel, fanden die Freunde eine Anzeige: Einfamilienhaus am Waldrand zu vermieten. Hohmann und Beutel mieteten es, nannten es »Nietzsche-Haus«, und es wurde Sitz des Nietzsche-Kreises e. V. mit der Adresse »zum Sonnenborn 14 in Brilon 4 (Bontkirchen)«, 150 km von Essen entfernt im ländlichen Sauerland gelegen. Der

Nietzsche-Kreis traf sich dort zweimal monatlich. Ein Nietzsche-Archiv und eine Nietzsche-Bibliothek wurden aufgebaut, in der sowohl Primär- als auch alle greifbare Sekundärliteratur zusammengetragen wurde.

Dr. W. L. Hohmann erarbeitete mit Unterstützung von Dr. Kuttner eine Satzung. Hartmut Zester, von Beruf Rechtsanwalt und ebenfalls Mitglied, beriet. Zur ersten Mitgliedervollversammlung 1979 konnte diese Satzung 40 eingeschriebenen Mitgliedern vorgelegt werden; der beglaubigende Notar erhielt sechzig Deutsche Mark als Honorar. Beutel wurde zum Geschäftsführer, Hohmann zum Ersten und Karel Mácha zum Zweiten Vorsitzenden gewählt. Die Stadt Brilon stellte, als die Mitgliederzahl auf 116 angewachsen war, bis 1984 einen großen Schulraum in Bontkirchen zur Verfügung, der zweimal monatlich bis zu 200 Menschen aufnahm. Der Bildhauer und Maler Volkmar Anton Scharf schuf nach einem Entwurf seines Freundes Hohmann eine Nietzsche-Büste »mit offenen Augen«, die in Bontkirchen aufgestellt wurde und dort einen Liebhaber – oder Nietzsche-Gegner – fand, der sie entführte.

Professor Dr. Dr. Karel Mácha, ehemals Dekan der Karls-Universität Prag, der seit 1960 Deutschland mehrfach mit Gastvorlesungen bereist hatte, wurde nach dem Prager Frühling und dessen Niederschlagung von den dortigen Machthabern relegiert und kam, weil er in seiner Heimat nicht leben durfte, 1978 nach München. Er berichtet aus eigener Anschauung:

»Den Nordlichtern in Essen, dem dortigen Nietzsche-Kreis e. V., stellte ich mich im März 1981 im Bahnhofscafé in Düsseldorf vor. Die Szene erschien mir hoffnungsreich. Ich traf auf einen Kreis von nicht weniger als siebzehn Mitgliedern, in der Mehrzahl Akademiker, und einen noch weitaus regeren Besucherkreis. Schon am 20. März 1981 trat ich vor diesem Kreis im Düsseldorfer Bahnhofscafé mit meinem Programm einer integralen Anthropologie auf. [Hohmann hat die Thesen der integralen Anthropologie Máchas in seinen »Informationen und Nachrichten. Blätter zur Praxis des neuen Menschen« zum Nietzsche-Kreis immer wieder zitiert und schließlich in seinem Verlag Die Blaue Eule, Essen veröffentlicht. In einer der ersten Nummern dieser Zeitschrift erschien das »Porträt eines unangenehmen Zeitgenossen«, nämlich Máchas.] In der ersten Zeit des Düsseldorfer Kreises waren Prof. Dr. Dr. Eugen Biser aus München und zwei andere bestallte Akademiker, deren Namen ich nicht erinnere, Mitglieder oder zumindest engere Freunde der Essen-Briloner«.

Hohmann, ein idealistisch gesinnter Romantiker von ernster Art, erwies sich als ein exzellenter Organisator, der auch seinen Verlag Die Blaue Eule im Geist der nietzscheanischen Philosophie gegründet hat. Zuvor schon war er Herausgeber der Schriftenreihe »Publikationen des Nietzsche-Kreises« im Peter Lang Verlag gewesen.

Bereits am 3. November 1983 hatte Hohmann, wie schon gesagt, seinen

Die Chronik des Nietzsche-Kreises – Versuch einer Rekonstruktion

Verlag Die Blaue Eule in Essen gegründet. Die damit verbundene Arbeit brachte Hohmann in Zeitbedrängnis, so dass die Arbeit Karel Máchas in München[4] die Essener Arbeit zu überwiegen begann. Hohmann, der übrigens 1984 ein Semester lang Gastdozent in München war, besuchte quasi jeden Abend des Nietzsche-Kreises »Essen-Süd«, kam also etwa viermal jährlich eigens dafür nach München. Auch die Nietzsche-Kreis-Freunde um Albert Kopf nahmen regelmäßig teil. Ende 1984 gab Hohmann in Brilon den eingetragenen Verein und das Nietzsche-Haus auf.

Hohmann: »Nietzsche ist der Philosoph, der so mannigfache Ansätze bietet, dazu vielen Berufsgruppen – Ärzten, Rechtsanwälten, Lehrern, Naturwissenschaftlern –: diese Breitenwirkung hat sonst kein anderer Philosoph. Und doch gibt es eine Einigkeit im Kern. Da gibt es etwas – das muß weitertradiert werden.«

Das damalige geschäftsführende Vorstandsmitglied des Essen-Briloner Kreises, August Wilhelm Beutel, ein Riese mit weichem Herzen, Hamburger Bezirksschornsteinfegermeister, hielt beachtenswerte Vorträge, unter anderen »Nihilismus unter dem Aspekt der Wiedergeburt [!] des ewig Gleichen«, und veröffentlichte im Verlag Die Blaue Eule zwei Bände, einen unter dem Titel *Die Beugung der reinen Vernunft zur Religion*. Beutel war für Dr. Hohmann eine Stütze bei der Verwaltungsarbeit des Kreises. Ein weiteres Mitglied war Dr. med. Bernhard Käfer, Radiologe aus Köln. Er hat in *Mensch pur* [der 1991er Festschrift für Prof. Dr. Dr. Karel Mácha] einen Beitrag veröffentlicht.

August Wilhelm Beutel hat sich jedoch noch auf andere Art, und zwar bedeutsam, in die Geschichte des Nietzsche-Kreises eingetragen: als Autor ungewöhnlicher, das Denken provozierender Aphorismen und philosophischer Zwischenrufe. Dieser Mann gehörte jener Kategorie an, die in der Geschichte des Denkens durch Namen wie Hans Sachs, Jakob Böhme, Valentin Weigel, Wilhelm Weitling, sämtlich philosophierende Handwerker, markiert ist. In einem ähnlichen Zusammenhang ließ Prof. Mácha im Verlag Die Blaue Eule auch die Gedankensammlung eines seiner bemerkenswerten Hörer, Karl-Werner Jaud, eines ehemaligen Schreibmaschinenmechanikers aus Bad Aibling, unter dem Titel *Elmsfeuer* veröffentlichen.

Dr. Hohmann hatte, wie berichtet, ein Haus in Bontkirchen-Brilon im Hochsauerland gemietet, wo Bär und Steinadler einander gute Nacht sagen. Es wurde zum Nietzsche-Haus. In seinem Erdgeschoß gab es ein kleines Versammlungszimmer und ein Archiv, oben zwei Wohnungen und ein kleines Gästezimmer.

Mácha spricht sodann über eine Versammlung des Nietzsche-Kreises gegen Ende 1983 im Bontkirchener Haus, zu der er, aus München kommend, ahnungslos antrat.

Es gab nämlich über die Verschiebungen in den erotischen Beziehungen der

Mitglieder des Nordlicht-Kreises hinaus einen weiteren Konfliktpunkt: das Verhältnis Hohmanns zu Nietzsche. Mácha charakterisiert seinen Standpunkt der »drei Herzen«: das größere gehört der Philosophie, das mittlere dem Nietzsche-Kreis und das kleinere der Anthropologie (seiner »Integralen Anthropologie« als Lebensprojekt); dagegen war für Hohmann immer das Werk Nietzsches im Vordergrund. Diesem Werk, seiner Reflexion und Umsetzung diente auch der Kreis. Zusammen mit Dr. Friedrich Haller, Dr. Olaf Enge und Dr. Heinz Georg Kuttner hatte Dr. Hohmann die Idee einer neuen Zeitrechnung formuliert, beginnend mit der Geburt Nietzsches. Dies hat manchen zu offener Empörung hingerissen.[5] Die neue Zeitrechnung findet sich in der Zeitschrift des Essener Kreises angewandt.

Der zweite Vorsitzende des Kreises, Dr. Olaf Enge, stand in anderer Art dem Führungsstil Hohmanns kritisch gegenüber. Enge, ein Deutscher, war Assistent im Philosophischen Seminar der niederländischen Universität Nijmegen. Er war von dort mit zwei Holländern zur besagten Versammlung gekommen, und es gab lebhafte Meinungsverschiedenheiten darüber, welches der rechte Weg, das rechte Maß sei. Mácha konnte zwischen Hohmann und den Holländern vermitteln, und Enge stellte sich der Wahl als Vorsitzender. In dieser Wahl wurde mit den meisten Stimmen Dr. Hohmann als 1. Vorsitzender, Prof. Dr. Mácha mit den zweitmeisten Stimmen als zweiter Vorsitzender gewählt. Aber das Bontkirchener Haus wurde bald darauf aufgegeben.

Mácha erlebte nach seinen eigenen Worten – mit einem Schmunzeln der Bewunderung und Wertschätzung bemerkt – den Nietzsche-Kreis der Nordlichter als die Gesellschaft der unruhigsten Geister, die ihm je vorgekommen waren. Als er zum letztenmal an ihm teilnahm, hielt die 22jährige Tochter Dr. Käfers, Barbara Käfer, Studentin der Literaturwissenschaft, einen ausgezeichneten Vortrag über die Affinitäten Thomas Manns zu Nietzsche im vorher schon erwähnten Hotel Diening in Essen-Kettwig.

Hohmann hatte mit großem Engagement und Sachverstand im Norden eine kulturelle Tat, etwas Bahnbrechendes, getan und durfte einen zwar rauschenden, aber nicht andauernden Erfolg erleben – er hatte einen der inselhaften Höhepunkte der Nietzsche-Rezeption inszeniert, seine Zeitschrift »Nietzsche-Kreis. Informationen und Nachrichten« besaß ein anerkannt hohes Niveau. Hohmann, der, wie gesagt, 1984 eine Gastprofessur in München erhielt, wurde nun zu allen Münchener Veranstaltungen eingeladen.

Der Nietzsche-Kreis Essen e. V., Gruppe Süd

Die große geographische Entfernung erlaubte dem Wahlmünchner Professor Mácha, dem zweiten Vorsitzenden des Nietzsche-Kreises Essen-Brilon, nicht, regelmäßig zu den Treffen zu kommen. So gründete er in Absprache mit dem 1. Vorsitzenden, Dr. Hohmann, in München eine »Gruppe Süd« als Tochter des Nietzsche-Kreises Essen. Bis 1981 wußten weder Mácha noch Hohmann etwas von Albert Kopfs Nietzsche-Kreis in München. Als Mácha 1981 seine erste Veranstaltung in München abhielt, trat dort Albert Kopf mit etwa sechs Mitgliedern seines Kreises auf. An diesem Abend bat ihn Albert Kopf um Begleitung zu einem Besuch bei der Witwe Friedrich Würzbachs, Frau Dolly Würzbach, geborene von Massenbach, Ex-Ballerina, noch immer eine Schönheit, die damals Manuskripte aus dem Nachlaß ihres Mannes besaß. Es gibt ein Photo mit ihr, Mácha und Kopf, aufgenommen im Klosterhof St. Gabriel in München. Als Dr. Hohmann sie einmal alleine in ihrer Wohnung in der Amalienstraße besuchte, öffnete sie eine Kommode und sagte liebenswürdig: »Hier, bitte bedienen Sie sich, wenn Sie irgend etwas gebrauchen können.«

Bei diesem Besuch übergab Frau Dolly Würzbach Dr. Hohmann zwei bisher unveröffentlichte Manuskripte aus dem Nachlaß ihres Mannes. Dr. Hohmann publizierte in der von ihm herausgegebenen Schriftenreihe »Kleine Arbeiten zur Philosophie« als Band 8 diese Manuskripte unter dem Titel: *Friedrich Würzbach – Zwei unveröffentlichte Manuskripte aus dem Nachlaß, 1. Das Bild des Menschen, II. Vom Ende der Neuzeit bis zu den Brücken der Zukunft, dargestellt an Hölderlin – Nietzsche – Rilke* (Essen 1984).

Frau Dolly Würzbach gab auch Informationen zur Hand, wonach Würzbach sich nach dem Kriege um eine Neuauflage der Musarion-Gesamtausgabe Nietzsches nach der Kriegsausgabe des Kröner Verlages Stuttgart bemüht hatte. Sie berichtete, ihr Mann sei bei seinen Studenten äußerst beliebt gewesen, und sie selbst habe ihren Mann sehr verehrt. Sie sah in ihm den großen Nietzsche-Forscher, der zu seiner frühen Zeit fast als einziger sich editorisch um Nietzsche angenommen hatte und sich unmittelbar nach dem Kriege, in einer Zeit, da Nietzsche nicht populär war, mühte, Nietzsche von den ungerechten Anschuldigungen reinzuwaschen, Wegbereiter des Nationalsozialismus gewesen zu sein. In dieselbe Richtung zielten seit 1953 das Hauptwerk von Karl Schlechta sowie, daran sei noch einmal erinnert, das »Nietzsche«-Buch, das Walter Kaufmann 1963 in den Vereinigten Staaten veröffentlichte, sodann Karl Löwiths *Von Hegel zu Nietzsche* und Heideggers zweibändiges Werk über Nietzsche.

Kopf hatte bereits bei der ersten Veranstaltung von Professor Máchas Gruppe Süd angeboten, auf Grund seines und seiner Freunde Alters, darunter Dr. Egon von Niederhöffer, eine Verbindung zum Nietzsche-Kreis Essen herzustellen. Kopf verehrte W. L. Hohmann zum Einstieg in die gemeinsame Arbeit ein Faksimile von »Ecce homo, der Cosima Wagner gewidmet«. Hohmann veröffentlichte 1984 in seinem Verlag Die Blaue Eule zwei Vorträge von Kopf vor dem Münchner Nietzsche-Kreis unter dem Titel *I.*

47

Der Wille zur Macht – Versuch einer Klarstellung 11. Der Prophet Friedrich Nietzsche.

Nach Professor Máchas persönlichem Bericht nahmen Albert Kopf und seine Mitarbeiter 1984 Verbindung mit dem Nietzsche-Kreis Essen e. V. und dessen Vorsitzenden Dr. Werner L. Hohmann auf und über diesen auch mit der Gruppe Süd in München. Kopf bot auch Mácha schon bei der ersten Begegnung am 5. Mai 1984 im Pfarrhaus St. Gabriel die Leitung des Münchner Nietzsche-Kreises an; Mácha aber musste wegen Arbeitsüberlastung ablehnen.

An jenem ersten Abend wurde ein philosophischer Essay von Karel Mácha zu Friedrich Nietzsche unter dem Titel *Zweifel und Einsamkeit* in einer dramatischen Version vorgetragen. Die Vorlesenden waren Karel Máchas Hörer, Ingrid Hacker-Klier aus Steingaden und Karl Brunns aus Rüdesheim, beide Hispanisten, in Nietzsche-Unanumo verliebt. Den musikalischen Hintergrund bildete eine für den Abend geschriebene Komposition des tschechischen Komponisten Jan Truhlár, der in Linz wohnte.

Mit dem genannten Ereignis in St. Gabriel begann eine neue Ära der Nietzsche-Abende, da Karel Mácha das Philosophische konsequent mit dem Musikalischen verband. Diesem neuen Stil schloß sich der alte, musikschöpferische Albert Kopf an, indem er bald darauf eine Reflexion zu Richard Strauss' *Also sprach Zarathustra* vortrug.

Professor Mácha berichtet: »Von den Münchner Nietzsche-Freunden wußte ich zuerst nichts. Albert Kopf, ein hochgewachsener alter Mann mit einer auffälligen Warze an der Nasenspitze und mit liebenswürdigen, gütigen Augen, war für Friedrich Nietzsche geboren. Nietzsches Philosophie hat er sein Leben geweiht. In seinem Haus in Grünwald war stets auch die Tochter Kopfs anzutreffen. Die Bücherreihen des großen Bibliothekzimmers, gut in Tabakrauch (Pfeife? Zigarre?) eingelegt, stiegen bis zur Decke hinan.«

Die erste gemeinsame Veranstaltung von Nietzsche-Kreis München und Nietzsche-Kreis Essen e. V. Gruppe Süd lud zum 14. Juli 1984 zu einem Vortrag von Dr. Henning Ottmann mit dem Titel *Die Aufklärung bei Nietzsche* ein. Dem folgte eine Reihe von wenigstens zehn bezeugten weiteren gemeinsamen Veranstaltungen, zu denen wechselseitig entweder in den »Torbräustuben« am Isartor (Kopf) oder nach St. Gabriel (Mácha) eingeladen wurde, wo dann auch Kopf vortrug, und zu denen einige Male auch Dr. Hohmann anreiste. Dr. Hohmann hielt auch selbst einen Vortrag im Kloster St. Gabriel: *Vier Grundthemen der Lyrik Gottfried Benns – gesehen unter der Wirkung der Philosophie Nietzsches.* (Veröffentlicht im Verlag Die Blaue Eule in der Reihe »Germanistik in der Blauen Eule« als Band 8). Professor Mácha war öfter Gast bei Kopf in Grünwald. Aus diesen Besuchen ergab sich, dass Mácha in seiner Reihe »Nietzscheana«, MPM minerva publikation münchen, Kopfs *Der Nihilismus von Friedrich Nietzsche bis zur Atombombe* herausbrachte.

Die Chronik des Nietzsche-Kreises – Versuch einer Rekonstruktion

Professor Mácha berichtet: »Das Forum der Gruppe Süd in St. Gabriel zu München wirkte in einem übernationalen Klima, war getragen von jungen deutschen Intellektuellen, unkonventionell denkenden Köpfen mit theoretischem Anspruch; verständliche Bedingung der Tagungsstätte war indes, es dürfe keine antiklerikalen Provokationen geben. Die Abende waren sehr besucht: Nietzscheaner gibt es in München genug!«

Zu der Versammlung am 14. Juli 1984 war es schon nötig, den Gästen einen viel größeren Saal zu öffnen. Der Gastgeber, der sehr human gesinnte Pfarrer von St. Gabriel, P. Johannes Thum, OFM, stellte den größten Raum des Pfarrheims zur Verfügung. Da dieser Saal am Sonntag dem Gottesdienste dienen sollte, befand sich in ihm seitlich in der ersten Reihe ein drei Meter hohes Metallkreuz; Mácha hatte es aus bestimmten Rücksichten herausgehoben und hinter den Kulissen versteckt. Nach der Versammlung mußte er das Kreuz aus ebenso bestimmten Rücksichten wieder an seinen Platz stellen. Der Abend ohne Kreuz geriet mit beinahe zweihundert Teilnehmern sehr stimmungsvoll.

Dr. Henning Ottmann von der Universität Augsburg sprach, wie gesagt, über *Die Aufklärung bei Nietzsche*. Es gab bei Kerzenschein Wein, Käse, Wurstel zu Baguettes, dazu Gitarrenmusik nach Noten von H. Villa-Lobos, vorgetragen von Johannes Klier, und klassische Musik aus Cassetten, und jeder freute sich, die Gastfreundschaft St. Gabriels zu genießen. Das ist München!

Es war ein Abend in St. Gabriel mit fünfzig Teilnehmern, rekrutiert aus der Gruppe Süd und dem Kreis um Albert Kopf sowie aus Studenten Máchas, aus Münchner Neugierigen und guten Freunden, unter ihnen Elisabeth Gruber, Redakteurin der Nietzscheana im K. G. Saur Verlag München, die Soziologin und spätere Lebensgefährtin Máchas, Frau Blanka Ihji, Virginia Cysarz, Witwe des weltbedeutenden Germanisten, sodann Studenten, vor allem Felicitas Schmidt, Stephan Kowarik, Slawomir Antonijevic, ein serbischer Freund und Hörer Máchas, Franz Mitteldorf-Subirana, ein Bavaro-Katalane. Per Zufall erschien ein tschecho-amerikanischer Soziologe, langjähriger Bekannter Máchas: Prof. Dr. Jiri Kolaja von der West-Virginia University, damals Gastprofessor in München, Herausgeber von Máchas Integraler Anthropologie in englischer Sprache. [Eine deutsch-englische Ausgabe wurde 1983, eine deutsch-französische Ausgabe 1984 von Dr. Hohmann herausgegeben. Zu jener Zeit hielt Professor Mácha ein zweisemestriges Seminar an der Ludwig-Maximilians-Universität in München über die Aphorismen von *Antichrist* (1982/83) und *Zur Genealogie einer Moral* (1984). Aus diesem Seminar gingen fünf bekannte philosophische Köpfe hervor. Die Ergebnisse beider Semester erschienen als Band 1 besagter Nietzscheana.]

Frau Hilde Suder, die Witwe des bekannten Münchner Komponisten Josef Suder, hatte zum nächsten Male wieder ein Piano heranspeditieren lassen und davor die deutsch-griechische Pianistin Lilo Brandel gesetzt. Professor Mácha und ein polnischer Pfarrer transportierten besagtes Piano eigenhändig an seinen Ort. Der Chef der Gruppe Süd war für seinen Kreis im Vorder- und im Hintergrund das vereinigende Band, alles ermöglichend, auch unter Einsatz von Muskelkraft. Nietzsches Geist diente, der kosmopolitischen Gesellschaft Luft zu geben.

Eine andere literarisch-musikalische Soiree in St. Gabriel gestaltete Theaterdirektor Miró Valenta, Mitglied von Radio Freies Europa, zusammen mit der Schauspielerin Erika Tauber. Diesmal wurden philosophische Aphorismen von Felicitas Schmidt aus ihrem *Der Wendekreis des Selbst* (erschienen 1984 im Verlag Die Blaue Eule, ebenfalls in »Kleine Arbeiten zur Philosophie«, als Band 6) vorgetragen.

Am 20. Oktober 1984 gaben Mácha mit seiner Gruppe Süd und der Nietzsche-Kreis München eine weitere philosophisch-musikalische Soiree in St. Gabriel. Albert Kopf trug, wie erwähnt, über *Also sprach Zarathustra* vor, nämlich die »Tondichtung, frei nach Friedrich Nietzsche« von Richard Strauss. Kopf brachte eine Werkanalyse mit Notenbeispielen: »Diese Tondichtung ist die Vollendung der Idee der symphonischen Dichtung. Das Gleichmaß von Form und Inhalt verleihen ihr den Rang eines klassischen Kunstwerks.« Am Klavier begleitete Dr. Richard Jung.

Die japanische Philosophin Yoko Ikeda, eine damalige Seminarteilnehmerin Prof. Máchas, sprach am 26. Januar 1985 in St. Gabriel – der Abend hatte den Kimono zur Kleiderordnung – über *Das Friedrich-Nietzsche-Bild in der japanischen philosophischen Literatur*. Lilo Brandel trug vier Klavierstücke von Josef Suder vor.

Im Februar 1987 erleuchtete Stephan Kowarik den Dunst einer Kneipe letzten Ranges in Milbertshofen mit einem Vortrag über Nietzsche. Dr. Hohmann war anwesend. Zwischen ihm und dem müpfigen Stephan kam es zum Wortwechsel. Generationenkonflikt! Mácha: »Eine Ohrfeige hing in der Luft.«

Prof. Mácha trug natürlich auch weiterhin selber vor. Vor seinem Abflug nach New York, einem Abenteuer mit offenem Ende, las er – zum letzten Mal sozusagen – in St. Gabriel zum Thema Abschied von Europa. Dies war die abschließende Botschaft an seinen Nietzsche-Kreis, dessen Sein und Nichtsein eng mit seiner Person verbunden war.

Nach seiner Rückkehr nach München feierte er am 15. Oktober 1988 im Café Borstei Nietzsches Geburtstag mit einem Vortrag *Eine Stimme aus sieben Einsamkeiten*. Dr. W. L. Hohmann war wieder dabei. Die klassischen Münchner Nietzscheaner wogen den Referenten und befanden ihn nicht zu leicht.

Fazit Máchas: Hohmanns Zirkular »Nietzsche-Kreis. Informationen und Nachrichten«, Hohmanns Die blaue Eule und St. Gabriel waren hohes Niveau, Anfang 1985 sogar Höhepunkt. Es waren stilvolle Ereignisse, inszeniert in einer bunt gemischten Gesellschaft, die sich gegen die Ebnungen der Zeit versammelte. Solche Keime sind da und bleiben.

Soweit bekannt, gibt es heute keine Aktivitäten des Nietzsche-Kreises Essen und seiner Gruppe Süd mehr. Hohmann: »Solche Institutionen stehen und fallen mit der Person« – eine Feststellung, die sich im Umkreis von Nietzsche immer wieder bestätigt.

Im Herbst 1989 lernte Prof. Karel Mácha die Leiterin des Münchner Nietzsche-Kreises, der auf Albert Kopf zurückgeht bzw. auf Dr. Friedrich Würzbach, Frau Dr. phil. Beatrix Vogel, kennen. Wenig später bat er sie darum, das Münchner Nietzsche-Leben allein zu leiten. Selber in andere Themenkreise verschlagen, hat er gleichwohl des öfteren einen Abend gestaltet. Zur Freude alter und neuer Münchner Nietzsche-Freunde fand sich zu einem solchen Abend auch Dr. W. L. Hohmann unter den Gästen ein.

Die Gemeinsamkeit zwischen den Anhängern der Nietzsche-Kreise besteht weiter, und es ist zu hoffen, dass sich weitere Bande zu bestehenden oder neu entstandenen Nietzsche-Kreisen knüpfen lassen – so z. B. zur Gesellschaft zur Förderung des Vermächtnisses Friedrich Nietzsches e. V. in Halle. Praktische Vereinsarbeit im Hintergrund ist gefordert, damit sich Zusammenkünfte mit anregenden Vorträgen aus kompetentem Mund regelmäßig ereignen. Heute versammelt sich ein interessiertes bayrisches Publikum von Fall zu Fall und zwanglos im Forum des Münchner Nietzsche-Kreises.

Der Nietzsche-Kreis München heute: »Forum für philosophisches Denken mit Friedrich Nietzsche«

Kennzeichen des Münchner Nietzsche-Kreises heute ist, dass sich in ihm philosophisch denkende Menschen zum Dienst am Geist einfinden, über bestehende Grenzen, zumal des Verstandesdenkens, hinaus.

Der hochbetagte Albert Kopf suchte und gewann 1987 in Dr. Wolfgang Class und Dr. Beatrix Vogel Nachfolger im Vorsitz des Kreises. Dies leitete eine zu kurze Zeitspanne ein, in der zumal durch Class wiederum ein hoher akademischer Anspruch durchgesetzt werden sollte. Nach dem Ausstieg von Class im Jahre 1988 und dem Verlust von Tagungsörtlichkeiten – durch die Renovierung der Seidlvilla, in der im Januar 1989 gerade ein hoffnungsvoller Anfang gemacht werden konnte – durchschritt der Nietzsche-Kreis abermals Monate entmutigender Tiefen.

Doch der Gedanke, einem Publikum, das sich selbst auswählt, eine wiederkehrende Stätte geistiger Anregung und Besinnung sowie auch die Gelegenheit zu diskutierendem Austausch zu bieten, also zuvörderst im Organisatorischen einen Dienst zu leisten, trug den Nietzsche-Kreis durch die Krisis.

Dabei halfen die engsten Freunde, Prof. Dr. Wolfgang Dittrich, Achim Rowold, und Dr. Alois K. Soller mit Tat und seelischem Einander-Beistehen.

Der langjährige Freund des Nietzsche-Kreises Eckhart Glöckner linderte die gröbste Not, indem er dem Kreis in der schwierigen Zeit – während der Renovierung der Seidlvilla – das Haus des Deutschen Ostens als Treffpunkt erschloß; diesem ist der Nietzsche-Kreis zu größtem Dank für sein Überleben verpflichtet. Dort fanden auch die ersten gemeinsamen Abende mit der Gesellschaft der Freunde Romain Rollands in Deutschland e. V. statt.

Der Kreis kam überein, seine Veranstaltungen unvermindert der philosophischen Gedankenwelt, der Kunst sowie schließlich den Wirkungen Nietzsches zu widmen. Da sich mit den Zeitströmungen und wechselndem Publikum aber auch neue Bedürfnisse eingestellt hatten, sollte, ausgehend von Nietzsches Philosophie, der Kreis für Ideen, Standpunkte und Zugangsweisen zur geistigen Besinnung allgemein offengehalten werden. Offenheit muss, soll sie ein Ideal bleiben, mit Anspruch einhergehen.

Achim Rowold konnte dem Nietzsche-Kreis sodann – erneut, nach ihrer Renovierung – beginnend mit dem 27. Januar 1992 die Seidlvilla in Schwabing öffnen, die heute ein gewachsenes Publikum dankenswerterweise regelmäßig aufnimmt, in einem geistigen Milieu, das dem unzeitgemäßen nietzscheanischen Element paradoxerweise fast so etwas wie eine Heimat bietet.

Um den Kreis wiederaufleben zu lassen, waren natürlich kompetente Vortragende Bedingung, die ihr Wissen um Nietzsches Werk und ihre persönliche Rezeption Nietzsches ohne Honorar der Hörerschaft zur Verfügung stellen. Solche Unterstützung und ermutigenden Beistand erfuhr der Kreis durch langjährige Vortragende, wie Dr. Alois K. Soller, Dr. Hans-Joachim Becker, Dr. Claudia Konrad, Dr. Wolfgang Dittrich, Max Werner Vogel, wie auch durch Universitätsprofessoren wie Karel Mácha, Eugen Biser, Eberhard Simons und neuerdings Manfred Zahn, Heinz Friedrich sowie Albert von Schirnding, sämtlich namhafte Nietzsche-Experten. Zuletzt ergab sich eine versprechende Verbindung zum Kastell Verlag in München.

Seinem Freund Dr. Egon von Niederhöffer vertraute einst Albert Kopf, der langjährige Leiter des Kreises, seine größte und schwerste Sorge an: die junge Generation für das Geistesgut Nietzsches zu gewinnen. Seine Sorge war zugleich nötig und unnötig. Die Reihen des Nietzsche-Kreises füllen sich immer wieder insbesondere mit jungen Menschen, die in der Traditionslosigkeit unserer Zeit Orientierungen suchen. Sodann, so können wir aus eigener Anschauung sagen, ist Nietzsche direkt aus seinem Werk heraus lebendig: Es vergeht kaum ein Abend, an dem nicht engagiert – und zuweilen heftig – diskutiert wird. Und schließlich gibt es wirklich, was man in der Welt die Nietzsche-Renaissance nennt.

Die Vortragsabende beginnen alljährlich im September und enden im

Juni des folgenden Jahres. Sie finden in der Regel am letzten Montag eines Monats um 19 Uhr statt, jedoch nicht um Weihnachten und nicht in den Sommerferien. Schriftliche Einladungen, die Münchner Tagespresse und die Seidlvilla kündigen sie an. Um die Veranstaltungen zu bestreiten, ist der Nietzsche-Kreis immer auf der Suche nach qualifizierten Vortragenden.

Hinweis:
Die zahllosen notwendigen und mitunter aufwendig herbeizubringenden Recherchen und zum Teil auch ihre Aufarbeitung verdanken der Nietzsche-Kreis sowie der Autor dieser Chronik der Arbeit von Frau Dr. Beatrix Vogel. Die verwendeten Quellen liegen bei den Unterlagen des Nietzsche-Kreises München.

(Herbst 1994)

[1] Würzbach, Friedrich, Dionysos, München 1921, S. 21.
[2] a.a.O., S. 28,
[3] Herr Dr. Egon von Niederhoeffer ist am 9.12.1997 in München verstorben. (Anm. der Hrsg.)
[4] Näheres dazu in dem folgenden Abschnitt »Der Nietzsche-Kreis Essen e.V., Gruppe Süd«. (Anm. der Hrsg.)
[5] So Eugen Biser. Siehe dazu seinen Beitrag »Flamme bin ich sicherlich«. Bemerkungen zum Denkweg Nietzsches, in: Alois K. Soller und Beatrix Vogel, Hrsg., Chronik des Nietzsche-Kreises München. Vorträge aus den Jahren 1990–1998, Publikationen des Nietzsche-Forums München, Bd. 1, S. 85 f. (Anm. der Hrsg.)

Anhang 1[1]:

NIETZSCHE-KREIS UND NIETZSCHE-FORUM MÜNCHEN E. V.: DIE JAHRE 1994–2006

1. Aufbruch: 1994–1999

»Hinter manchen Veränderungen steht zähes Bemühen – andere Entwicklungen wiederum machen Sprünge sondergleichen« – dieser treffende Ausspruch des Oberbürgermeisters der Landeshauptstadt bezog sich auf die Entwicklung der Seidlvilla, deren achter Geburtstag 1999 von einer Münchner Zeitung gewürdigt wurde. Nach sechs weiteren Jahren (2005) folgte das *hundertjährige Jubiläum der Seidlvilla* seit ihrer Errichtung durch Emanuel von Seidl. Das Bonmot hatte die Sprünge im Blick, mit denen sich das durch den Einsatz der Bürger vor dem Abriss gerettete ehedem herrschaftliche Wohnhaus nach einer langen Verfallszeit durch die Neubelebung als Bürgerhaus und »Ort gesteigerter Lebensart« im Verlauf von 14 Jahren zu einem kulturellen Zentrum in Schwabing entwickelt hat, dessen Spektrum dem weit größerer Häuser in nichts nachsteht.[2]

Auch die Entwicklung der Aktivität des Nietzsche-Kreises und Nietzsche-Forums München hat in diesen Jahren großen Auftrieb erhalten; und wenn die Wachstumssprünge unseres Forums, gemessen an den Zahlen des kulturellen Lebens der Seidlvilla (von 50 Veranstaltungsterminen zu Beginn auf inzwischen 1500 Termine mit insgesamt 65 000 Besuchern pro Jahr), auch eher bescheiden wirken, so bekunden doch auch diese eine Renaissance jener Tradition eines Denkens mit Nietzsche in München, deren Lebensgeschichte – Zerfallszeiten und Abbruchsdrohungen überdauernd – in etwa dem Bestehen der Seidlvilla entspricht und die von jeher in deren nachbarschaftlicher Nähe situiert war. Geistig harmoniert das Forum, das »Werk und Denken, Person und Schicksal Friedrich Nietzsches sowie die unzähligen Reaktionen, die er hervorrief, miteinander ins Gespräch« und dabei Philosophie, Wissenschaft und Kunst zeitbezogen in einen Diskurs bringt[3], sozusagen maßgeschneidert mit jener »kulturellen Schnittstelle in Schwabing ... an der nach der viel beschworenen Boheme-Vergangenheit ganz besonders die Auseinandersetzung mit zeitgenössischer Kunst und

Literatur, Philosophie, politischen und gesellschaftlichen Themen geführt wird.«[4]

Der Geschäftsführung der Seidlvilla sowie dem Vorstand des Seidlvilla-Vereins und den Damen und Herren des Koordinationsausschuss gebührt unendlicher Dank: Ohne die Atmosphäre dieses *genius loci*, ohne das Wohlwollen und die konkrete Unterstützung insbesondere durch die Geschäftsführung (seit den Anfängen bis heute), als einer Art Konstante oder struktureller Voraussetzung unserer Arbeit, mit der wir rechnen durften, hätte es uns, dem gewachsenen Kreis aktiver Teilnehmer und Freunde des »Forums für philosophisches Denken mit Friedrich Nietzsche«, nicht gelingen können, auf den Rhythmus der Erneuerung von Nietzsches Nachwirkung – einer Reihe von Ereignisschüben – zum Ende des 20. Jahrhunderts konstruktiv zu antworten.

Waren durch die Kritische Gesamtausgabe der Werke, des Nachlasses und der Briefe Nietzsches durch Giorgio Colli und Mazzino Montinari (1967–1977 und 1988), die Herausgabe des musikalischen Nachlasses durch Curt Paul Janz (1976) sowie die maßgeblichen Nietzsche-Biographien von Curt Paul Janz (1978/79) und Werner Ross (1980) die Voraussetzungen geschaffen, denen wir eine neue umfassende Kenntnis Nietzsches verdanken, weitab posthumer Schwärmerei und gesichert »vor der voreiligen Vereinnahmung durch vorgeformte Interpretations- und Deutungsmuster«,[5] so bedeutete die deutsche Wiedervereinigung und die Öffnung der Nietzsche-Stätten in Mitteldeutschland – Röcken, Naumburg, Schulpforta und Weimar – für die Auseinandersetzung und das Gespräch mit Nietzsche in der Tat eine Wende und außerordentliche Belebung, innerdeutsch wie international; ja, eine Neuentdeckung Nietzsches unter europäischem Vorzeichen. Aus der *Förder- und Forschungsgemeinschaft Friedrich Nietzsche e. V.* mit Sitz in Halle an der Saale (gegründet 1990), konstituierte sich am 14. Oktober 2000, dem Datum des 100. Todestages Nietzsches, in Naumburg an der Saale die *Nietzsche-Gesellschaft e. V.*; und das Land Sachsen-Anhalt unterstreicht mit der Verleihung des Nietzsche-Preises (im 2-jährigen Rhythmus, beginnend 1996) mit deutlichen Akzenten die große Bedeutung des Philosophen für die Gegenwart und das Selbstverständnis unserer Kultur.[6] Die *Klassik Stiftung Weimar* (damals »Stiftung Weimarer Klassik«) veranstaltete ab 1990 eine Tagungsreihe (in rascher Folge) zu Leben und Werk Friedrich Nietzsches: »Entdecken und Verraten[N]«, gefolgt (ab 1996) von Symposien einer Reihe »Nietzsche-Forum Weimar«, und eröffnete am Jubiläumsdatum des 15. Oktober 1999, dem 155. Geburtstag Nietzsches, das *Kolleg Friedrich Nietzsche*, mit der Zielsetzung, Nietzsches Denken selbst als Herausforderung anzunehmen, als ein lebendiges Forum für die Auseinandersetzung mit Fragen der europäischen Gegenwart.[7] Ab 1991 veranstaltete Professor Dr. Hermann Josef Schmidt an der Universität Dortmund in jährlicher Folge die

Dortmunder Nietzsche-Kolloquien, um Nietzsche-Kennern und Interessenten eine intensive und auch kontroverse Diskussion zu ermöglichen.

Nach diesem raschen Streiflicht auf das durch die »Wende« bewegte geistesverwandte Umfeld[8] zurück nach München! Für die Arbeit des »Forums für philosophisches Denken mit Friedrich Nietzsche« knüpfte sich die belebende »Wende« und der mit ihr gegebene Aktivierungsschub vor allem an die verschiedenen Jubiläumsereignisse und an die Herausforderung, selbigen mit unseren Mitteln gerecht zu werden. Max Vogel begann die Reihe der Vorträge anlässlich des 150. Geburtstages Friedrich Nietzsche am 26. September 1994 mit Interpretationen zu Nietzsches Lyrik: »Nietzsche in seinen Gedichten«[9] – es las dazu die Musikwissenschaftlerin Dr. Claudia Konrad –, gefolgt von den das Jubiläumsdatum umrahmenden Vorträgen zweier Professoren der Philosophie der Ludwig-Maximilians-Universität München: Am 14. Oktober eröffnete Professor Dr. Dr. Eberhard Simons einen erschließenden Bezug zwischen Hegel und Nietzsche: »›Das Wahre ist so …der bacchantische Taumel, an dem kein Glied nicht trunken ist‹ – Bemerkungen zu einem Hegelschen Anfangs-Satz und Wahrspruch«,[10] und am 17. Oktober thematisierte Professor Dr. Manfred Zahn, Senator der Universität München und Vorsitzender der Bayerischen Kant-Gesellschaft, in seinem Vortrag: »Nietzsches Kritik der Moderne. Zeitgemäße Gedanken eines ›Unzeitgemässen‹«, Nietzsches umfassende Kritik des Zeitalters der Moderne und seine therapeutische Vision hinsichtlich »unseres Europas von heute«.[11] Am 28. November berichtete der Verleger, Autor und Präsident der Bayerischen Akademie der Schönen Künste Prof. Dr. h. c. Heinz Friedrich, die Reihe der Festvorträge beschließend, über seine Arbeit an der Auswahl der Nachlassfragmente Nietzsches für die Textsammlung »Friedrich Nietzsche. Weisheit für übermorgen. Unterstreichungen aus dem Nachlaß«.[12]

In mehrfacher Weise scheint in den Vorträgen (und ihrer Aufeinanderfolge) zu diesem Geburtstagsjubiläum Nietzsches ein Charakteristikum der Entwicklung der Vereinigung auch in früher Zeit zum Ausdruck zu kommen: die Figur jener Verschränkung, mit der im Zugleich oder Ineinander eines Abschieds und eines neuen Impulses, in den sich das verloren Scheinende gerade noch einprägt, ein Neuanfang geschieht. Während zwei der Festvorträge eine Art Abschiedsgeschenk an das Nietzsche-Forum München bedeuteten,[13] deren Impulse jedoch weiterwirkten,[14] waren es die beiden anderen Vorträge, die begründeten und einleiteten, was man eine neue Ära der Aktivität des Forums eines Denkens mit Nietzsche in München nennen kann, mit der sich, wenn man es so sehen will, seine individuelle Gestalt und Signatur mehr und mehr herausbilden, entfalten und schließlich bis heute ein Stück weit bewähren konnte.

Dem Münchner Kulturphilosophen und Professor für Philosophie an der

Ludwig-Maximilians-Universität Dr. Dr. Eberhard Simons[15] verdankt der Nietzsche-Kreis und das spätere Nietzsche-Forum München eine nachhaltige Prägung und Förderung der Arbeit durch über zwölf Jahre. Seinen Vortrag im Nietzsche-Kreis am 15. Februar 1993 zum Apollinischen und Dionysischen in Nietzsches »Mitternachtslied«: »Doch alle Lust will Ewigkeit – will tiefe, tiefe Ewigkeit« hatte er mit der in mehrfacher Wiederholung schon fast wahrsagerisch vorgebrachten Aufforderung an uns verbunden: »Machen Sie diese Arbeit weiter!«. Und so fand der Vorschlag, aufgrund der erstaunlichen Resonanz, die ein Vortrag im Umkreis zu Nietzsches Christentumskritik auslöste[16], zu dieser Thematik ein gemeinsames Symposion zu konzipieren, sein offenes Ohr. Der weiter oben erwähnte Physiker Dr. Wolfgang Dittrich hatte den Kontakt nicht nur zu dem Freiburger Professor für Klinische und Entwicklungspsychologie Franz Buggle vermittelt, dessen Vortrag die lebhafte Diskussion entfacht hatte, sondern auch zu Dr. h.c. Hans Sauer, mit dem Dittrich befreundet war. In der Folgezeit gelang es, Herrn Professor Simons in das Gespräch mit Herrn Dr. Sauer und Herrn Dr. Dittrich einzubeziehen und in intensiven Diskussionen um die Sache, die uns bewegte, Herrn Dr. Hans Sauer und die von ihm begründete Hans-Sauer-Stiftung zu gewinnen, ein Symposion finanziell zu unterstützen, das dem Thema des Christentums und seiner Kritik im Rahmen einer differenzierenden Auseinandersetzung mit der europäischen Kulturgeschichte gewidmet war.

Das Symposion: »Von der Unmöglichkeit oder Möglichkeit, ein Christ zu sein. Zur europäisch-abendländischen Freiheits- und Wertekonstitution«, vom 23.–25. Februar 1996 in der Seidlvilla – unsere erste »große« Veranstaltung über drei Tage –, bzw. die hierin zustande gekommene höchst lebendige Kommunikation als *eröffnete wie unabgeschlossene* wurde in der Tat zum Movens der weiteren Entwicklung. Erstmals war es gelungen, die Expertise hochqualifizierter, höchst diskursfreudiger Vortragender auf einem interdisziplinär besetzten Podium untereinander wie mit einem sehr unterschiedlichen, intensiv interessierten Publikum in einer konzentriert-sachbezogenen wie lebhaften Diskussion zusammenzuführen. Eberhard Simons als Hauptreferent brachte das Thema, nach alter Vernunftpraxis, mit zwei Ko-Referenten in Rede und Gegenrede sowie mit einem Einführung- und Abschlussvortrag zur Darstellung: Franz Buggle (Professor für Klinische und Entwicklungspsychologie an der Universität Freiburg) und Michael von Brück (Professor und Vorstand des Instituts für vergleichende Religionswissenschaft an der LMU München). Die Plenumsdiskussion am Abend des zweiten Tages, an der auch der Professor für alttestamentliche Theologie und biblisch-ägyptische Religionsgeschichte und Vorstand des Instituts für biblische Exegese, Dr. Dr. Manfred Görg teilnahm, wurde durch ein Abschlussforum in erweiterter Runde ergänzt, an der außerdem die Schriftsteller Carl Amery, Dr. Elisabeth Endres und Albert von Schirnding mitwirkten. Dieses Forum wurde von Herrn Dr. Hans-Rüdiger Schwab, damals gerade als Professor für Medienpädagogik und ästhetische Theorie an die FH Münster berufen, eindrucksvoll moderiert.

Damit konnte sich – sicher nicht zum ersten Mal, aber doch in besonders nachhaltiger und deutlicher Weise – heraus- und herstellen, was immer schon (seit der Neubesinnung mit der Übernahme des Kreises von Albert Kopf durch die Verfasserin) Zielsetzung unseres Forums für philosophisches Denken mit Friedrich Nietzsche gewesen war, nämlich die Vieldimensionalität heutigen Lebens und Denkens im Geiste Nietzsches mit differenzierender Berücksichtigung der Details in ihrer jeweiligen Kontextbezogenheit auf- und in den Blick zu nehmen, und im vielstimmigen durchaus zu erringenden Miteinander der verschiedenen Denk- und Lebensebenen »eine Kultur der *Offenheit* und *Wahrheitssuche*«[17] *lebendiges Ereignis* werden zu lassen und so »freundschaftliches Philosophieren auf der Agora mit dem Streit in der Sache«[18] zusammenzuführen.

Die Idee und Intention des Symposions, die Wertekrise unserer Gesellschaft aus dem Horizont der Geschichte der im Umbruch begriffenen abendländischen Traditionen, in ätiologischer Blickrichtung auf die Herkunftsbedingungen dieser Probleme, zu untersuchen, wirkte weiter. So hat sich im Anschluss an das Symposion, aus den Referenten und Diskussionspartnern mehr oder weniger spontan ein Gesprächskreis herausgebildet, der in den Fragen des Symposions nochmals tiefer und genereller anzusetzen versuchte. Der Arbeitstitel des 1. Gesprächskreises, der am 8. und 9. März 1997 in Otterfing bei München stattfand: »Die Wurzeln der Religion: Was ist Religion? Brauchen wir heute noch (oder wieder) Religion(en)?« markierte diesen grundlegenderen Ansatz.

Zwei weitere Fragen steckten ein heuristisches Feld für die Gespräche ab: »Was bedeutet das heutige Wiederaufleben der Religion? Was für eine Religion ist das?« Das führte dazu, dass in jährlichen Treffen die »Ist-Situation des Religion« sowie ausgewählte Phänomene des Gestaltwandels des Religiösen in der Jugend- und Pop-Kultur, in der Techno-Szene, in der Literatur und Bildenden Kunst oder im Sport näher betrachtet wurden. Mehr und mehr wurde die Frage nach »verdeckten religiösen Formen und Wertebildungsprozessen in der heutigen Gesellschaft« zum Leitmotiv der Gespräche. Im Spannungsfeld zwischen Philosophie, Wissenschaft (Religionswissenschaft, Psychologie, Soziologie), Literatur und Kunst wurden in diesem Gesprächskreis gesellschaftliche Entwicklungen daraufhin untersucht, in welchen Formen menschliche Grundfragen, wie die nach Kontingenzbewältigung, Transzendenzbezug, nach Sinnstiftung und Wertebegründung, in der postmodernen Gesellschaft zum Ausdruck kommen. Mit Nietzsches

Kritik des christlichen Moralsystems und der Kultursituation der Moderne im Blick, wurden ausgewählte Phänomene der Gegenwart detailliert beschrieben sowie im Zusammenhang des herrschenden szientifischen Rationalitätsparadigmas bzw. der nach wie vor unaufgelösten Antithesen der Modernität kritisch analysiert.[19]

Teilnehmer der Treffen waren zunächst die Referenten des Symposions Prof. Dr. Dr. Eberhard Simons, Prof. Dr. Franz Buggle, Prof. Dr. Michael von Brück, Prof. Dr. Dr. Manfred Görg, Albert von Schirnding sowie der Theologe und Soziologe Dr. Nikolaus Gerdes, die Germanistin und Lehrbuchautorin Mechthild Gerdes, die Philosophin und Diplompsychologin Dr. Beatrix Vogel, der Politikwissenschaftler und Professor für politische Ideengeschichte Prof. Dr. Karl Hahn, die Politikwissenschaftlerin und Philosophin Kerstin Kellermann, beide Universität Münster, und der Professor für Philosophie an der Evangelisch-theologischen Fakultät der Universität Wien und langjähriger Mitherausgeber der »Nietzsche-Studien« und der »Monographien und Texte zur Nietzsche-Forschung« Jörg Salaquarda[20] sowie schließlich der Schriftsteller und Filmer Alfred Gulden und seine Frau Karin Gulden, die Philosophin und Nietzsche-Autorin Dr. Elke Wachendorf sowie der damals die Professur für praktische Philosophie der Universität Halle innehabende Privatdozent Dr. Harald Seubert sowie der Professor der Soziologe am Institut für Sozialwissenschaften der TU München Kurt Weis. Prof. Dr. Hans-Rüdiger Schwab ist es zu danken, dass er im Verlauf unserer Gesprächskreise die Wendung zum Gegenwärtigen forcierte – und als Moderator energisch einforderte.

Der Gesprächskreis ist bis heute eine inspirative Quelle und Antriebskraft für das Nietzsche-Forum München geblieben. Es war der Gesprächskreis, durch den sich die Konzeption unserer Arbeit deutlicher in *die zwei Stränge des Denkens und Weiterdenkens mit Nietzsche* differenziert hat – eine Zweistrangigkeit, die sich dann auch in der Veranstaltungsstruktur gespiegelt hat: Und zwar einerseits in den monatlichen Vortragsabenden zum traditionellen Jour fix, dem letzten Montagabend eines Monats, und andererseits in den ausführlicheren Symposien und Kolloquien. Dabei sind die monatlichen Vortragsabende Nietzsches Person und Werk und dessen unabsehbar vielfältiger und komplexer Wirkungsgeschichte gewidmet. Die Themen der Symposien und Kolloquien dagegen sind noch weiter gesteckt: Nietzsches Jahrhundertkritik und Diagnose der Gesellschaft, seine Intention und seine Ansätze, im Bewusstsein des Menschen von sich selbst einen Entwicklungsschub zu induzieren, erfordern ohne Zweifel auch ein Weiterdenken seiner Fragestellungen; erfordern, sich auf der Linie seiner Versuche, Neues zu denken, explorativ experimentierend weiterzubewegen, im sprachlichen Feld heutiger Begriffe, Denkmethoden und Metaphern in Philosophie und Wissenschaft sowie der Kunst – auf dem Hintergrund freilich auch eines erinnernden Wiedergewinnens und Bedenkens der abendländischen Tradition, einer Re-Evaluation ihrer Denkmodelle und Topoi auf deren Brauchbarkeit und Zukunftsfähigkeit hin, im zunehmend unabweisbar global ausgerichteten interkulturell-philosophischen Kontext – der »Morgenröte der Weltphilosophie« (Karl Jaspers). Unvergessen als Versuch, die philosophische Tradition Europas für die Wahrnehmung der Gleichzeitigkeit und Gleichrangigkeit unterschiedlicher Philosophien, Kulturwelten und Traditionen in der globalen Situation zu öffnen, bleibt der herausfordernde und teilweise durchaus heftige Disput – Anstoß war die Frage des »Geburtsorts der Philosophie« – zwischen Eberhard Simons und Michael von Brück im Rahmen der abendlichen Podiumsdiskussion des Symposions 1996 (»Von der Unmöglichkeit oder Möglichkeit, ein Christ zu sein...«) – eine Orientierung, die die Münchner Professoren Michael von Brück, Manfred Görg und der in Indien geborene und in München lehrende Philosoph Prof. Dr. Ram Adhar Mall im Gesprächskreis und in Vorträgen des Nietzsche-Forums München lebendig gehalten haben.[21] – Im Spektrum unserer Veranstaltungen sind es vor allem die Symposien und Kolloquien, die, dabei auch die in den Gesprächskreisen erarbeiteten Themen und Befunde aufgreifend, auf aktuelle Themen der Gegenwartsdebatten eingehen (z. B. das Kolloquium zum Thema: »Der Mensch – sein eigenes Experiment?«) oder diese auch vorwegnehmen (z. B. im Fall des Themas der »Rituale heute«, das, nachdem es in drei Kolloquien des Nietzsche-Forums München behandelt worden war, im Rahmen unterschiedlichster Veranstaltungsforen – der Nähe und der Ferne – gewissermaßen weiterleuchtete).

Ein großer Dank gilt der Hans-Sauer-Stiftung, die, nach dem Symposion den Gesprächskreis sechs Jahre lang sowie vier der aus den hier erarbeiteten Themen hervorgegangenen öffentlichen Kolloquien in der Seidlvilla finanziell unterstützte und auch die Erstellung wörtlicher Transskripte der Tonbandaufnahmen der Gespräche in dieser Zeit als wertvolle Dokumentation und die Gesprächskreis-Publikation über die ersten 5 Jahre Otterfinger Gesprächskreis ermöglichte.[22]

Mit der anhaltenden Belebung und Ausweitung unserer Arbeit durch neu und vermehrt sich einbringende Vortragende haben sich, wie schon deutlich wurde, der Kreis der aktiv Mit-Denkenden wie auch die im Kontext eines Denkens mit Nietzsche erörterten Themen erweitert. Aus München und der näheren Umgebung ist, neben dem ehemaligen Mitarbeiter Manfred Zahns, Dr. Manfred Gawlina, und Dr. Mathias Gärtner, vor allem Albert von Schirnding sehr für seine Vorträge – erlesene Kostbarkeiten – seit den Anfängen der Zeit, über die hier berichtet wird, und für ständige Ermutigung der Arbeit zu danken. Aus der weiteren Umgebung waren in freundschaftlichem Geiste angereist: aus Wien Professor Jörg und Frau Barbara Salaquarda, Professor

Michael Benedikt, Dr. Ernst Gerhard Eder und Prof. Hubertus Mynarek, aus Dortmund der Magister der Philosophie, Ralph Mattus, später auch Prof. Dr. Hermann Josef Schmidt sowie Prof. Dr. Edith Düsing aus Köln und Prof. Dr. Renate Reschke aus Berlin u.v.a.. Aber auch Weggenossen aus früherer Zeit schrieben sich ins »Gästebuch« der Referenten des Nietzsche-Kreises München ein, so etwa Herr Dr. W. L. Hohmann, der Verleger des Verlags Die Blaue Eule und frühere Vorsitzende des Nietzsche-Kreises Essen, und Prof. Dr. DrSc. Karel Mácha, dessen Nietzsche-Abende von stets besonderer poetisch-musikalischer Ausstrahlung unvergesslich bleiben.

Die Bildung eines wissenschaftlichen Beirates von namhaften und sachkundigen Persönlichkeiten – ein weiterer Schritt, um den Kreis zu festigen und auch zu repräsentieren – konnte sich so fast wie von selbst vollziehen. Zur Mitarbeit im engeren Kreis erklärten sich bereit (in der Zeit zwischen 1996 und 1999, in alphabetischer Reihenfolge): Dr. Hans-Joachim Becker, Prof. Dr. Dr. Eugen Biser, Prof. Dr. Michael von Brück, Christoph Burgauner, Prof. Dr. Dr. Manfred Görg, Michael Lahr, Gregorij von Leitis, Prof. Dr. Ram Adhar Mall, Albert von Schirnding, Prof. Dr. Hans-Rüdiger Schwab, PD Dr. Harald Seubert, Prof. Dr. Dr. Eberhard Simons, Dr. Elke Wachendorff, Prof. Dr. Kurt Weis und Prof. Dr. Ulrich Willers. In den Jahren nach der Gründung erweiterte sich der wissenschaftliche Beirat um Prof. Dr. Babette B. Babich (New York), Prof. Dr. Peter André Bloch (Olten, Schweiz), Dr. Wolfgang Dittrich, Alfred Gulden, PD Dr. Miriam Ommeln, Prof. Dr. Renate Reschke und Dr. Hans Otto Seitschek.

Folgerichtig entstand nun auch das Bedürfnis nach einer Dokumentation der Vorträge, sodass die Herausgabe von Band 1 einer geplanten Jahrbuchreihe: »Denken mit Nietzsche. Publikationen des Nietzsche-Kreises München« gemeinsam mit dem als freier Schriftsteller damals in München lebenden und arbeitenden Philosophen Dr. Alois K. Soller in Angriff genommen wurde. Die »Chronik des Nietzsche-Kreises München. Vorträge aus den Jahren 1990–1998« erschien 1999 im Verlag ars una (Neuried bei München) von Dr. Fritz Oberbeil, dem der Nietzsche-Kreis ebenfalls eine Reihe von Vorträgen verdankt. Herr Dr. Soller hat sich außerordentlich für das Zustandekommen dieser Publikation, mit der die Jahrbuch-Reihe ihren Anfang nahm, eingesetzt: auf allen Ebenen, in allen ihren Entstehungsphasen einschließlich der Herstellung, der Beschaffung des Papiers etc. Sein Name und sein Wirken für den Nietzsche-Kreis – sowohl durch seine scharfsinnigen Vorträge wie durch diese erste Publikation, die den weiteren Modell stand – sind uns unverlierbar präsent. Und auch in zahlreichen anderen wesentlichen Hinsichten – als Ratgeber, wohlgesonnener Kritiker sowie durch Hilfe in praktischen Dingen (er wirkte z. B. bei den Vortragsabenden als Kassier: er war es, der sich dieser Frage allererst annahm; davor hatte lediglich ein Spendenkörbchen die Runde gemacht) – unterstützte und förderte er die Arbeit wesentlich und nachhaltig.

2. Achtzigstes Gründungsjubiläum der Nietzsche-Gesellschaft und Neukonstitution des Nietzsche-Forums München

So war die Nietzsche-Arbeit in München, ihre Praxis, ihr Selbstverständnis und ihre Struktur, um ein gutes Stück gewachsen und vorangekommen. Der Schritt zur Neugründung war vorbereitet, wenn auch nicht ausdrückliche Zielvorstellung. Ein Anstoß war erforderlich – und ließ nicht lange auf sich warten! Am 28. Juni 1999 sprach der junge Magister der Philosophie und Mitglied der akademischen Bildungskommission des Cusanus-Werkes, Michael Lahr, im Nietzsche-Kreis zu »Lessing und Nietzsche«. Bei einem gemeinsamen Abendessen am 30. Juli, wozu Herr Gregorij von Leitis und er mich eingeladen hatten, entstand die Idee einer gemeinsamen Veranstaltung zum 80. Gründungsjubiläum der Nietzsche-Gesellschaft, und mit ihr sogleich konkrete Vorschläge zur Gestaltung der Feier: Eine Lesung des Vortrags Friedrich Würzbachs: »Dionysos«, gehalten 1919 zur Eröffnung der Nietzsche-Gesellschaft[23], sowie der Rede des Gründungs- und Vorstandsmitglieds Thomas Mann zur Feier des 80. Geburtstages Friedrich Nietzsches am 15. Oktober 1924[24] im Wechsel mit Klaviermusik von Beethoven und Chopin, schienen als Würdigung dieses Anlasses sinnvoll und angemessen. Für die Lesungen erbot sich der Intendant von Elysium – Between Two Continents, Gregorij von Leitis, selber; und auch den Pianisten Pjotr Oczkowski wollte er selber dafür gewinnen; und so war die gemeinsame Feier des Jubiläums beschlossene Sache.

Die Feier, am 29. November 1999, gelang als ein Brückenschlag zwischen Vergangenheit und Zukunft und Anzeichen einer weiteren Erneuerung. Die Journalistin und Lokalredakteurin Nicole Mentz hatte im Münchner Merkur mit einem zweispaltigen Bericht zur wechselvollen Geschichte des Denkens mit Nietzsche in München: »Ein Philosoph im Spiegel der Zeiten. 80 Jahre Nietzsche-Gesellschaft« zu den Nietzsche-Abenden »am letzten Montag im Monat in der Seidlvilla« und speziell »zum heutigen Jubiläum um 19.00 Uhr« eingeladen.[25]

Anlässlich der Änderung des Namens: »Nietzsche-Kreis München. Forum für philosophisches Denken mit Friedrich Nietzsche«[26] in, einfacher und klarer: »Nietzsche-Forum München. Denken mit Friedrich Nietzsche« hatte der Verleger des Kastell Verlags, Christoph Burgauner, für diesen Abend eigens eine Neuauflage unseres Faltblatts hergestellt; es trägt das Logo der alten Nietzsche-Gesellschaft e.V.. Mit der Namensänderung ging der Gedanke und Wunsch einher, kenntlich zu machen, dass der Grundimpuls der ehemaligen Nietzsche-Gesellschaft e. V. in München in eine neue Form der Aktivität eintritt: ein Denken mit Friedrich Nietzsche, das einerseits in die Tradition zurückreicht und sich den geistigen Wurzeln verpflichtet fühlt, sich aber auch andererseits von überkommenen Bindungen freimacht, um dem schöpferischen Impuls, der die Geschichte unserer Kultur vorangetrieben hat, neue Formen zu geben, die eine zukünftige Entwicklung zu tragen und zu inspirieren vermögen.

Zu den besonderen Gästen des Abends zählten Heinz Friedrich und Eberhard Simons. Letzterer extemporierte im Anschluss an die Lesungen, zu Improvisationen des Pianisten Marek Bradatsch, einen Beitrag zu Heraklit und Nietzsche. Friedrich unterstrich die Bedeutung dieses Abends – in Richtung einer Neugründung –, indem er sich bereit erklärte, als Ehrenvorsitzender für das Nietzsche-Forum München zu wirken. Auch Herr Heribert Förtsch, der spätere Schatzmeister des Nietzsche-Forums München e. V., stellte sich mir erstmals an diesem Abend in der Seidlvilla vor.

Die Persönlichkeit von Professor Dr. h. c. Heinz Friedrich, die Weise, wie er im Nietzsche-Forum München auftrat, uns partnerschaftlich begegnete, die geleistete Arbeit anerkannte und eine Neugründung sowohl historisch wie auch im Hinblick auf den Entwicklungsstand unseres Kreises vorbehaltlos als richtig befürwortete, verbindet sich für mich in ganz besonderer Weise mit jenen beeindruckenden Erfahrungen, die Schritt für Schritt alle Hürden überwinden ließen, die einer Neugründung des Nietzsche-Forums München im Wege standen. Das Drama der Auflösung nach dem Tode von Würzbach (1961), das 1964 mit der Löschung aus dem Münchner Vereinsregister geendet hatte, war so einfach, gewissermaßen im Sprung, nicht rückgängig zu machen. Eine lange Zeit des Bemühens und das Zusammenwirken vielfältiger Bedingungen waren erforderlich, bis es gelang, sich rechtsfähig neu zu konstituieren. Die Begegnung mit Heinz Friedrich, der mit großer Souveränität im Unorthodoxen zum Orthodoxen vorzudringen verstand – und umgekehrt –, indem er den Kern einer Sache formulieren und zielstrebig in Bewegung versetzen konnte, bleibt für das Nietzsche-Forum München ein nicht zu überschätzender Glücksumstand. Dass er – als Initiator der Kritischen Studienausgabe der Werke Nietzsches KSA im Deutschen Taschenbuch Verlag einer der größten Förderer Nietzsches in Deutschland – die Arbeit Würzbachs als mit der seinen auf einer Linie liegend wertzuschätzen wusste, wodurch in der Tat eine Brücke aus der Vergangenheit in die Gegenwart geschlagen war, kam als besondere Gunst des Schicksals hinzu.

Seine Bestätigung und Anerkennung der durch das Nietzsche-Forum München geleisteten Arbeit brachte Heinz Friedrich später im Geleitwort zu Jahrbuchband 2 »Mit Nietzsche denken. Publikationen des Nietzsche-Forums München e. V.«,[27] zum Ausdruck. Die sachliche Auseinandersetzung und der unbefangene Dialog mit Nietzsches Denken, »ohne Vorurteile und polemisch institutionalisierte Missverständnisse also«, sondern mit der »Bereitschaft, sich Nietzsche und seiner Jahrhundert-Kritik zu stellen«, ist, so Friedrich, die Basis, auf der die Beschäftigung mit Nietzsche fruchtbar wird, und er sah die Absicht des Forums, »diese Basis zu festigen und auf ihr die solide, fruchtbare, erkenntnisbringende Auseinandersetzung mit Nietzsche wachzuhalten und auch herauszufordern«[28] durch die Erfolge der Symposien und Vorträge bestätigt.

Nach den hoffnungsvollen Impulsen des 80. Gründungsjubiläums, die quasi bereits den Auftakt zur Neugründung darstellten, blieb dennoch offen, ob und inwieweit eine so wichtige Entscheidung von den Freunden und Interessenten unseres Kreises gewollt und mitgetragen würde. Die Umfrage: »Sind Sie (und ggf. wie sehr sind Sie) an einer Neugründung des Nietzsche-Forums München als e. V. interessiert?« erbrachte ein erstaunlich starkes Echo mit positiven und ermutigenden Stellungnahmen. Hervorgehoben wurde u. a. auch die bessere öffentliche Wahrnehmbarkeit und verbesserte Möglichkeit der Kooperation mit anderen (Nietzsche-)Organisationen; freilich auch die Chance einer Verbesserung der finanziellen Situation. Nur ein einziger Antwortender äußerte Bedenken, dass ein »e. V.« eher nicht im Sinne Nietzsches sei und meinte, dass dem Forum durch die Rechtsfähigkeit nichts hinzugefügt werde, was nicht schon in der bestehenden Struktur verwirklicht sei. In der Tat, so meine ich, ist das durch die Neugründung Hinzukommende wesentlich ideeller Art: ein Verbindlich-Heißen des in der Satzung formulierten gesellschaftlichen Auftrags. – Die allermeisten, die geschrieben hatten, kündigten zugleich die Bereitschaft an, in einem neugegründeten Nietzsche-Forum München e. V. Mitglied zu werden.

Nachdem ein Rechtsanwalt konsultiert und längerfristig für vereinsrechtliche und steuerliche Fragen in der Person des Betriebswirts Thomas Vellante, Steuerberater in Otterfing, ein zuverlässiger Beistand gewonnen war, schienen die Vorbereitungen weit genug gediehen, um in einem Gespräch am 2. März 2000, mittags um 14.15 Uhr, im Hotel Bayerischer Hof, zu dem mich Heinz Friedrich einlud, das Vorhaben, das in seinem Für und Wider lange erwogen war, nochmals zu überdenken und einen Entschluss zugunsten einer Neugründung zu fassen. Dieser Entschluss wurde ganz wesentlich erleichtert dadurch, dass Heinz Friedrich seine positive Einschätzung des »Für« klar zum Ausdruck brachte und seine Mitwirkung bei diesem Schritt sowie seine weitere Unterstützung zusicherte.

Die erste Version des Satzungsentwurfes wurde im Vorfeld der einzuberufenden Gründungsversammlung eingehend mit Professor Heinz Friedrich und dem Verleger des Kastell Verlages, Christoph Burgauner, besprochen. Die endgültige Formulierung zum »Zweck des Vereins« stammt aus der Feder Heinz Friedrichs.

Am Dienstag, den 13. Juni, im Jahr des 200. Todestages Friedrich Nietzsches, einem strahlenden Sommertag, fanden sich gegen 19.00 Uhr in der Seidlvilla zur Gründungssitzung ein (in der Reihenfolge ihres Eintrags in der Teilnehmerliste): Prof. Dr. Werner Ross, Dr. Miriam Ommeln, Michael Lahr, Gregorij von Leitis, Prof. Dr. Ram Adhar Mall, Dr. Hans-Joachim Becker, Prof. Dr. Hans-Rüdiger Schwab, Achim Ulf Jörg Rowold, Prof. Dr. h.c. Heinz Friedrich, Prof. Dr. Karl Hahn, Dr. Beatrix Vogel, Dr. Luitgard Wiest, Professor Dr. Dr. Manfred Görg, Professor Dr. Dr. Eberhard Simons, Heribert Förtsch, Dr. Elke Wachendorff, Albert von Schirnding, Dr. Harald Seubert, Christoph Burgauner, Dr. Claudia Konrad. Der den Anwesenden vorgelegte Satzungsentwurf wurde abschnittweise vorgelesen und zur Diskussion gestellt. Eine längere Debatte um die Namensgebung des zu gründenden Vereins führte zu dem Entschluss, ihn (nur) unter dem Namen »Nietzsche-Forum München e.V.« eintragen zu lassen, den Untertitel »Denken mit Friedrich Nietzsche« aber in unseren Schriftstücken (Briefen, Info-Mitteilungen, Veranstaltungsankündigungen) weiterhin zu führen.[29]

Der Verzicht darauf, mit der Neukonstitution den ursprünglichen Namen *Nietzsche-Gesellschaft e.V.* wieder aufzunehmen, wurde einvernehmlich und bewusst als Zeichen der Anerkennung der Wandlungsgeschichte der Münchner Vereinigung – als einem »Antidotum des deutschen Dramas«[30] – und Kennzeichnung ihrer heutigen Ausrichtung, »mit Nietzsche zu denken«, gesetzt, und zwar in einem dreifachen Sinn:

- des Auf-ihn-Zudenkens – indem »das Vorspiel einer Philosophie der Zukunft durch keine seitherige Gegenwart eingelöst... wurde«;
- des Ihm-entgegen-Denkens (auch im Sinne des *anti*) – indem Nietzsche, der »die dialektische Urstiftung der abendländischen Philosophie« aufgrub, Philosophieren »als Agon und Selbstgespräch«, als »unendliche Melodie von denkerischer Stimme und Gegenstimme« begriff;
- und schließlich in einem dritten Sinn, mit ihm denkend »die Fahrt ins Offene, die Albatrosrichtung auf das Genueser Schiff« zu suchen. »Dass Eins und Vieles auf dem strittigen Grund der Moderne nie so zusammengestimmt wurden, wie bei Nietzsche, könnte ein Leitfaden aller Fragen und Erwägungen der Zukunft sein.«[31]

In das Amt des 1. Vorsitzenden wurde Dr. Beatrix Vogel, in das Amt des 2. Vorsitzenden Dr. Hans-Joachim Becker und in das Amt des Schatzmeisters Heribert Förtsch gewählt. Herr Christoph Burgauner war bereit, das Amt des Beisitzers im Vorstand zu übernehmen. Herrn Prof. Dr. h.c. Heinz Friedrich wurde der Ehrenvorsitz des neu gegründeten Vereins angetragen und er willigte ein, dieses Amt zu übernehmen. Der wissenschaftliche Beirat, der sich bereits auf informeller Ebene vor der Gründung zusammengefunden hatte, wurde nochmals in seiner Funktion bestätigt.

Im anschließenden Zusammensein bei einem kleinen Büffet – die Zeit war schon fortgeschritten – dominierten Staunen und Freude, denen Harald Seubert in seiner kleinen festlichen Geburtstagsrede Ausdruck gab.

Am 10. August traf eine Mitteilung des Amtsgerichtes München ein, dass dem Vollzug der Eintragung des mit der Gründungsversammlung vom 13. Juni gegründeten Nietzsche-Forums München entgegenstehe, dass die Regelung der Einberufung der Mitgliederversammlung gemäß § 12 unserer Satzung zu unbestimmt sei. Zur Änderung der beanstandeten Satzungsbestimmung – letztendlich Streichung des überflüssigen Zusatzes, dass »die Einberufung zu den Mitgliederversammlungen auch... durch Zeitungsannoncen bekannt gegeben werden« könne – war die Wiederaufnahme der Gründungsversammlung erforderlich. Dies geschah am 5. September; es unterzeichneten die Gründungsmitglieder Christoph Burgauner, Prof. Dr. Karl Hahn, Dr. Beatrix Vogel, Dr. Miriam Ommeln, Dr. Hans-Joachim Becker, Gregorij von Leitis und Heribert Förtsch. Die Eintragung ins Vereinsregister erfolgte, laut Mitteilung des Amtsgerichts München, überstellt durch Herrn Notar Hans Ulsenheimer, Miesbach, am 26.09.2000 unter der Nummer VR 17002. Die Anerkennung der Gemeinnützigkeit durch das Finanzamt München für Körperschaften laut Freistellungsbescheid zur Körperschaftssteuer und Gewerbesteuer erfolgte am 19. Dezember 2001.

Das Datum der Neugründung – besonders passend zu ihrer Bekundung der Vortrag von Albert von Schirnding am 26. Juni 2000: »Die Propheten von der Martiusstraße. Ein München-Kapitel aus Thomas Manns »Doktor Faustus'« – fungierte zugleich als Auftakt der Veranstaltungen für das Nietzsche-Jubiläumsjahr. Im September las Bernhard Setzwein, begleitet von Martina Reichová mit Klavierkompositionen Friedrich Nietzsches, aus seinem neu erschienenen Nietzsche-Roman: »Nicht kalt genug«; und am 2. November eröffnete Professor Heinz Friedrich das Thema unseres Symposions zu Nietzsches hundertstem Todestag: »Die Auflösung des abendländischen Subjekts und das Schicksal Europas« mit seinem Vortrag »Nietzsches Übermensch im Zwielicht unserer Erfahrung«.

Vielleicht lässt sich diese zwiespältige Erfahrung mit dem menschlichen Willen zur Selbststeigerung und Selbstüberwindung – in Nietzsches Denken zugleich als Höhepunkt wie Krisis bzw. Auflösung des abendländischen »Ich« begriffen – weder als das *Entweder-Oder* einer biologischen oder einer spirituellen Deutung der Evolution fassen noch als die Kontroverse der Extremsten und der »Mäßigsten« im Kampf der Machtwillen der Glaubenssätze; grundlegender erscheint die Frage, ob diese je angenommenen, wenn auch nicht unerschütterlich fundierten Perspektiven »in Anerkennung des interpretatorischen Charakters jeglicher Existenz«[32] mit Bedacht gewählt und somit zum Gegenstand einer (im weiteren Sinne) philosophischen

Reflexion gemacht werden oder nicht. Gianni Vattimo formulierte im Abschlussvortrag des Symposions die entscheidende Frage dahin gehend, ob das gewalttätige Subjekt der Überlieferung ein in pluraler Hinsicht weises wird und zu jener Gemäßigtheit des Jenseitsmenschen gelangt, mit Sinn für (Selbst-)Ironie und grundlegender Offenheit für die Pluralität der Interpretationen, »welche aus ihm ein neues Subjekt macht; ein »Ich« als nunmehr »ein Zentrum der Gastlichkeit und des Zuhörens von vielfachen Stimmen, ein wandelbarer Regenbogen von Symbolen und Bezügen, das dem Ideal umso näher kommt, als es sich nicht in eine ein für allemal vorgegebene Form einschließen lässt.«[33]

In den Beiträgen des Symposions von Friedrich bis Vattimo klangen verschiedentlich Möglichkeiten an, der Tatsache der »Auflösung des abendländischen Subjekts« Perspektiven in die Zukunft abzugewinnen. Dazu gehörten: der »Abgesang«[34] auf den Übermenschen der Ausnahme, des Genies, der Überlegenheit – der letztlich auf der Linie des gewalttätigen Subjekts der Überlieferung verbleiben würde – und das Veranschlagen einer Möglichkeit des Versuchs, den »Anspruch der ureigenen Identität« in das Zusammenspiel einer Unermesslichkeit komplexer Faktoren zu stellen, aus der die je eigene in relativer Freiheit und Verantwortung gewählte Vision der Welt herauszubilden, auch zu erkämpfen, zu entwickeln wäre. Ferner: ein Offenwerden für die Kommunikationshorizonte und die Befähigung, mit dieser Unermesslichkeit vernetzter Prozesse tatsächlich konkret und bewusst zu kommunizieren – als eine Alternative, für die in der europäischen Kultur das Wort Liebe oder Agape stehen mag.

Die Arbeit des Nietzsche-Forums München hat sich in diesem Möglichkeitsspektrum der Perspektiven des Offenwerdens für die Kommunikationshorizonte bewegt, in einem Prozess von je vorläufig sich versuchenden Schritten und Phasen, die doch auch eine Intensivierung des Netzwerks der Kontakte, eine Ausreifung der Ablaufsformen und Strukturen sowie eine (teils unterschwellige, teils ausdrückliche) Weiterführung thematischer Linien und eine Ausweitung des Spannungsbogens der Gespräche ergeben haben: Kontakte nach innen durch den Kreis aktiver Mitglieder, die ihre professionelle Kompetenz als Vortragende, Ideengeber und Mitgestalter der Arbeit einbringen; sowie nach außen, zu der engeren und weiteren Verwandtschaft benachbarter Nietzsche-Institutionen, etwa zur Nietzsche-Gesellschaft e.V., dem Kolleg Friedrich Nietzsche, der Stiftung Nietzsche-Haus Sils-Maria, der Österreichischen Nietzsche-Gesellschaft, schließlich der New York Nietzsche Society; und, im Umfeld Münchens, dem Thomas-Mann-Förderkreis München e.V., Elysium – Between two Continents e.V. und der Gesellschaft der Freunde Romain Rollands e.V..

Die Erweiterung des Kommunikationsraumes korrespondierte notwendig mit unterstützenden strukturellen Neuerungen. Hier möchte ich an erster

Stelle Herrn Heribert Förtsch danken, dessen kraftvolle Mitwirkung eine tragende Säule für die Arbeit unseres Forums war – nicht nur im Amt des Schatzmeisters, sondern regelmäßig als Kassier, als Tontechniker und Tonband-Archivar sowie im Einladungsversand einschließlich der Herstellung der Karten, Briefe und Plakate und in vielen weiteren wichtigen Belangen. Seine einzigartige *Liebe zur Sache,* sein ganz persönlich gewachsenes Verständnis und seine Wertschätzung für Nietzsche und das Nietzsche-Forum München bleibt – es kann nicht anders sein – der weiteren Arbeit *lebendig* eingeprägt, wenn er mit der nächsten Mitgliederversammlung im April 2007 aus zwingenden Gründen sein Amt aufgeben muss.

Eine strukturelle Unerlässlichkeit war auch eine neue, von Heidi-Fenzl-Schwab mit viel Freude gestaltete Website, die sowohl die Geschichte als auch die aktuellen Aktivitäten darstellt, als Informationsplattform für die Mitglieder, in ihrer Außenwirkung aber auch als internationale Visitenkarte und zur Werbung neuer Mitglieder dient. Auch die Aufnahmetechnik wurde verbessert, so dass die Vorträge und Kolloquien dem Hörerkreis nunmehr als CD zur Verfügung gestellt werden können. So kann Gehörtes vertieft, können versäumte Abende nachvollzogen, und die Kostbarkeiten des Augenblicks Anstoß weiteren Denkens sein.

3. Vermächtnis – Heinz Friedrich und Eberhard Simons

Ein Zusammenwirken mit der Bayerischen Akademie der Schönen Künste verdanken wir unserem Ehrenvorsitzenden Prof. Heinz Friedrich. Auf einer Zusammenkunft von Mitgliedern des wissenschaftlichen Beirats, von Gründungsmitgliedern und Kooperationspartnern des Nietzsche-Forums München am 17.11.2002 – zu der u.a. auch Prof. Dr. Peter André Bloch, Mitglied des Stiftungsrates Nietzsche-Haus Sils Maria, aus Olten (zu diesem Tage aus Paris) und Justus Ulbricht, Kolleg Friedrich Nietzsche der Stiftung Weimarer Klassik und Vorstandsmitglied der Nietzsche-Gesellschaft, nach Otterfing gekommen waren – wurde die Idee einer gemeinsamen Veranstaltung von der Bayerischen Akademie der Schönen Künste und dem Nietzsche-Forum München geboren und eine Lesung aus Heinz Friedrichs »Unterstreichungen aus dem Nachlaß« Friedrich Nietzsches (»Weisheit für übermorgen«, München 1994) mit Heinz Friedrich, Peter André Bloch und Dietrich Fischer-Dieskau angedacht. Diese Idee fand dann ihre Verwirklichung in so ganz anderer, unerwarteter Weise: im Kontext der Trauer um ihn, den Verleger, Autor, Universitätsprofessor und langjährigen Akademiepräsidenten Heinz Friedrich, der am 13. Februar 2004 verstarb – unfasslich für alle, denen er noch wenige Wochen zuvor Zeichen des Gedenkens und der Hoffnung auf Genesung und die baldige Wiederaufnahme der gemeinsamen Pläne für das neue Jahr hatte zukommen lassen. So lasen am Donnerstag, dem 8. Juli 2004 im großen Saal der Bayerischen Akademie der Wissenschaften Doris Schade, Dietrich Fischer Dieskau und Dieter Borchmeyer, (dem inzwischen die Präsidentschaft der Akademie übertragen worden war) nicht aus Friedrich Nietzsches, sondern aus Heinz Friedrichs Nachlass. Die Initiative des derzeitigen Präsidenten der Bayerischen Akademie der Schönen Künste, Prof. Dr. Dieter Borchmeyer, dem das Nietzsche-Forum München außerdem brilliante Vorträge, so zu Nietzsches Verhältnis zu den Klassikern Goethe und Schiller, verdankt, ermöglichte die Planung einer weiteren gemeinsamen Veranstaltung im Monat des 3. Todestages Heinz Friedrichs am 26. Februar 2007 in der Seidlvilla: eine Lesung unter dem Titel »Weisheit für übermorgen«, bei der er und seine Akademiefreunde, die Schauspieler Doris Schade und Rolf Boysen, aus den Nachlass-Quellen Friedrich Nietzsches – auf der Grundlage der von Heinz Friedrich 1994 bei DTV herausgegebenen Zusammenstellung aus Nietzsches Nachlass – sowie aus Texten Heinz Friedrichs schöpften. Dr. Björn Göppl, ein Doktorand und Mitarbeiter Heinz Friedrichs, heute Vorstandsvorsitzender der Heinz-Friedrich-Stiftung, sprach einführende Worte.

Heinz Friedrich bleibt uns weiterhin Vorbild und Lehrer. Sein Name steht in der Tat für die Sache, die er als Aufgabe und Lebenswerk ins Auge gefasst und der er in seinem umfangreichen Werk und in der großen Vielfalt seiner Tätigkeiten und Berufe in Wort und Schrift und mit der außergewöhnlichen Kraft seiner Persönlichkeit Nachdruck verliehen hatte: in der Welt etwas Notwendiges zu bewegen, inmitten der Zeit-Strömung einer progredienten Kulturlosigkeit und einer weisheitslosen, von Politinteressen gelenkten Ausbildungsmaschinerie ein Gegen-Zeichen und Gegen-Feld[35] zu errichten, die Humanitas zu stärken, die Menschen aller Altersgruppen zu einem freiheitlich-verantwortlichen selbständigen Denken und einem Lernen anzustiften und so das in den Ursprüngen der europäischen Geistesgeschichte angezündete Licht der Erkenntnisbewegung weiterzutragen.

Friedrichs Lebensarbeit und Vermächtnis ist unverlierbar mit dem Faden seiner lebenslangen Auseinandersetzung mit Nietzsche verwoben – verbinden sich doch in seinem Verständnis die beiden Grundperspektiven von Nietzsches Denken: die Retrospektive in die Antike, in der sich ihm die Bestimmung des Menschen zur Selbstgestaltung seiner Existenz am klarsten zeigte, und die in eine Zukunft jenseits des Debakels der kulturellen Selbst-Demontage der spätbürgerlichen Décadence des europäischen Nihilismus gerichtete Prospektive »zu einer zwingenden anthropologischen Erkenntnis-Perspektive«, »zu einer Erkenntnis-Perspektive, die eigentlich schon keine Perspektive mehr ist, weil sie aperspektivisch die alten Weisheiten als Erkenntnis-Gegenwart wieder ins Bewusstsein ruft, die da heißen: Werde, der du bist. Sei, wer du bist. Erkenne dich selbst«.[36] Die »Kraft der Kultur und die Kraft der Vernunft«: darin sah Friedrich mit Montinari die beiden Energiequellen in Nietzsches Denken. Dass Friedrich »die verlegerische Nietzsche-Verspätung in Deutschland« als groteske Situation erfasste und es für erforderlich hielt, dem verhängnisvollen »Nietzsche-Miß- und Unverständnis« und der »nicht-Rezeption in Deutschland« entgegenzuwirken, und schließlich mit einem Kraftakt erreichte, dass »trotz des frühen Todes von Giorgio Colli die Textsicherung (abgeschlossen) und das Gesamtwerk Nietzsches, die veröffentlichten Werke und der komplette Nachlaß sowie die Briefe auch in einer handlichen und preiswerten Studienausgabe« im Deutschen Taschenbuchverlag vorgelegt werden konnte, brachte Nietzsche in den Dialog und das geistige Gespräch der Gegenwart zurück. »In dieser Ausgabe kann jedermann, sofern ihm an mehr gelegen ist, als sich »als geldverdienendes Wesen« (Nietzsche) durchs Leben zu mogeln, Nietzsche vorurteilsfrei lesen und sich seinen Jahrhundertreim auf den Philosophen machen, der, wie kaum ein anderer Denker, seinen und den zukünftigen Zeitgenossen aus antikischem Philologengeist die Leviten las.«[37]

»Weisheit für übermorgen«, Heinz Friedrichs »Unterstreichungen aus dem Nachlaß« Friedrich Nietzsches, bleibt auch ein Teil seines, Heinz Friedrichs, Vermächtnisses.

Dass Prof. Maria Friedrich, Heinz Friedrichs souveräne Wegbegleiterin und fördernde Gesprächspartnerin über mehr als sechs Jahrzehnte, sich auf der Mitgliederversammlung am 6. April 2005 bereit gefunden hat, dem Nietzsche-Forum München fürderhin als Ehrenvorsitzende und Mentorin zur Seite zu stehen, bedeutet uns eine große Ehre, Freude und Ermutigung – gewinnt doch das gemeinsame Lebensanliegen von Heinz und Maria Friedrich in ihrer, Maria Friedrichs, großen menschlichen wie professionellen Lebenserfahrung eine besondere Spiegelung und Gestalt. Sie, die ehemalige Verlegerin von dtv junior, Professorin für Kinderbuch-Gestaltung an der Akademie für Bildende Künste München und Dozentin für Buchwissenschaft an der Universität Regensburg, die *femme de lettres* vom »Fröhlichen Buch« der Gedichtanthologie des Ferdinand Avenarius aus ihrer Kinderzeit bis hin zum gemeinsamen Erarbeiten und Erleben der Texte zeitgenössischer Dichter im von ihr bis heute geleiteten Literaturkreis, versteht »sich nicht als eine Dozentin, sondern als Anregerin, Helferin, die sowohl geistige Voraussetzungen schafft als auch technische Mittel an die Hand gibt«[38]; sie bestärkt uns in Richtung ihres eigenen Ethos einer »Pädagogik als Anleitung zum Selberdenken«, getragen von der Überzeugung, dass wir heute mehr denn je ein Gespräch, einen lebensnahen Diskurs benötigen, der über unverbindlich bleibende theoretische Erörterungen hinausführt. Der Austausch mit ihr ermutigt uns, das geistige Erbe Heinz Friedrichs in den Tonarten unseres Möglichkeitsspektrums lebendig zu erhalten und wirksam werden zu lassen und in der Handschrift beider, Heinz und Maria Friedrichs, unserer Arbeit einzuprägen.[39] Die gemeinsame Veranstaltung in der Seidlvilla: »Heinz Friedrich: Ein Leben mit Benn und Nietzsche« am 13. Oktober 2006, ein Gespräch zwischen Maria Friedrich und Björn Göppl, Vorstandsvorsitzender der Heinz-Friedrich-Stiftung, über die geistige Prägung Heinz Friedrichs durch Benn und Nietzsche, setzte ein lebendiges Weg-Zeichen in diesem Sinne.

Ein Jahr nach dem Tode Heinz Friedrichs, ein rundes Jahrzehnt – in etwa – nach jenen Ereignissen um den 150. Geburtstag Friedrich Nietzsches, die unserem Forum so wirksame Impulse vermittelt hatten, verstarb, ebenfalls für uns plötzlich und unerwartet, am 8. April 2005, Prof. Dr. Dr. Eberhard Simons – jener unorthodoxe Freigeist und Künstlerphilosoph, dessen schöpferisch-lebendiges Leben und Schaffen mit jenem Heinz Friedrichs kaum Vergleiche zuzulassen scheint; und doch wirken beide auf den Nach-Schauenden wie zwei Säulen oder Pfeiler, die auf jenen Horizont verweisen, in dem der Bruch der Zeit als zwar nicht geheilter, vielleicht nicht heilbarer, aber doch als in die menschliche Erkenntnisbewegung fruchtbar einbeziehbarer erscheint: auf eine Kultur der Vernunft, des *Erkenne-dich-selbst*, in der Tradition eines Platon, Hegel und vor allem Nietzsche, allerdings einer solchen Vernunft, die einer *Erweiterung ihrer Fähigkeiten* bedarf, um der ganzen menschlichen und menschheitlichen Erfahrung die Balance halten zu können. Beide, Friedrich und Simons, wirkten als Erzieher, indem sie vorlebten, was sie entdeckten, dachten und entwickelten, und beide versuchten, als Lehrer eine »Erkenntnis-Perspektive« zu vermitteln, die, nach den oben zitierten Worten Friedrichs, »die alten Weisheiten als Erkenntnis-Gegenwart wieder ins Bewusstsein ruft.«

Bei Eberhard Simons ist es die »dramatische Fähigkeit des europäischen Logos«, die entwickelt werden muss, um verschwiegene und unterdrückte Widersprüche – Spannungen, Blockaden, Intrigen, Verstrickungen – bewusst zu machen, zu artikulieren und zum freien schöpferischen Austrag zu bringen, damit das *Gnothi seauton* im je persönlich-konkreten Kontext als Erkenntnisgegenwart aufgehen und damit eine heilende Dynamik in Gang kommen kann: »die Dynamik von Krisis und Katharsis, von Verwandlung und Erneuerung.«[40]

Simons' philosophischer *enthousiasmos* verband sich auf das innigste mit dem Charisma seiner Rede. Einer seiner Schüler, Dr. Robert Kozljanic, schreibt:

»Wenige Menschen beherrschen die Kunst des freien Vortragens so wie Professor Simons es tat. Schwer zu beschreiben, diese einzigartige und mitreißende, manchmal auch provozierende Mischung aus lebendig-philosophischem Vortrag, theatralisch-rhetorischer Sprechweise, souverän-situativem

Entwickeln bestechender Gedankenreihen, ungezwungenem Abschweifen ins Reich der Anekdoten. Eine Mischung, die meist zur Eröffnung neuer Denk- und Handlungsräume führte und genau das war, was Simons immer forderte: »produktives Sprach-Handlungs-Denken«. Und all das mit einer bewundernswerten philosophischen Heiterkeit, Ironie und Nonchalance. So lud er immer wieder einmal zu Ende des Semesters seine Studenten in die nahe gelegene Ludwigskirche ein, um ihnen dort auf der Orgel Bach vorzuspielen bzw. musikalische Schöpfungswelten in ihren Ohren erklingen zu lassen.«[41]

Eberhard Simons hat das Nietzsche-Forum München durch mehr als zwölf Jahre, in den letzten fünf Jahren als Gründungsmitglied bei der Wiedererlangung der rechtsfähigen Form und Mitglied des wissenschaftlichen Beirates – zeitweilig auch als Teilnehmer der Gesprächskreise –, mit seinem Rat, seinen schöpferischen Inspirationen und der Kraft seiner Rede begleitet. Unvergesslich bleiben den Hörern unseres Kreises – wie freilich einem großen Studentenkreis seine Vorlesungen und Seminare an der Ludwig-Maximilian-Universität – seine Vorträge in der Seidlvilla.[42] In diesen Vorträgen und den an sie geknüpften Gesprächen hat Eberhard Simons in unserem Kreis den philosophisch-dramatisch-freiheitlichen Impuls, um den es ihm ging, entfacht und weitergegeben. Umgekehrt hat er das Nietzsche-Forum München wertgeschätzt und immer wieder aufgesucht als eine Agora, ein Ort in der Tradition der alten Vernunftpraxis, wo ein lebendiges dialogisches Denken praktiziert und versucht wird, mit Nietzsche denkend, vielfältige Themen kritisch, auch in harten Kontroversen, zu erschließen und zum Austrag zu bringen, mit der Chance – die sich freilich nicht garantieren lässt –, Wandlung und Versöhnung zu erleben im Hier und Jetzt der jeweiligen Situation. Im Schlusswort des Kolloquiums »Das Gottesverständnis und die Gewalt«, das er am 10. Dezember 2004 in der Seidlvilla ausgesprochen hat – es war ein schwieriges Kolloquium, bei dem sehr darum gerungen werden musste, die Auseinandersetzung ins Versöhnliche zu wenden –, resümierte Eberhard Simons, es sei doch etwas sehr Wichtiges gerade geschehen: es sei gelungen, *Gegenwart zu schaffen*. Dieses Fazit formuliert, meine ich, worum sich die Arbeit unseres Forums weiterhin bemühen wird.

In einer philosophisch-musikalischen Gedenk-Matinée für Eberhard Simons am 9. Juli 2005, bei der Prof. Dr. Harald Seubert, Dr. Elke Wachendorff, Dr. Ingeborg Szöllösi, Thomas Pulte, Dr. Beatrix Vogel und Marek Bradatsch (am Flügel) zu Wort kamen – hörten wir nochmals einen Ausschnitt der Tonband-Aufnahme seiner Interpretation zu Nietzsches Mitternachtslied: »Doch alle Lust will Ewigkeit...«, seines ersten Vortrages vor dem damaligen Nietzsche-Kreis München, vom 15.02.1993.

4. Ausblick: Denken mit Nietzsche – ein Versuch »über den Bruch hinweg« zu denken

Wie steht es nun mit dem »Fortschritt« und Ertrag eines Forums eines Denkens mit Nietzsche und an welcher Zielvorstellung, wäre ein solcher zu messen? Wesentliche Aufgaben und Voraussetzungen sind inzwischen erfüllt. Dank der textkritischen Gesamtausgabe von Nietzsches Werken verfügen wir heute über eine entmythisierte, neutrale Überlieferung aller Aufzeichnungen aus Nietzsches Hand, seit 1869, dem Entstehen der »Geburt der Tragödie«, bis zu seinem Zusammenbruch Anfang Januar 1989, insbesondere auch eine unparteiische Sicherung von Nietzsches Nachlass. Eine wesentliche Voraussetzung und herausforderndes Pensum für eine produktive Auseinandersetzung und Arbeit mit Nietzsche, welche sich die frühe Nietzsche-Gesellschaft zur Aufgabe gemacht hatte, ist damit erfüllt. Die Arbeit war geprägt von der »Absicht, einen Sammlungspunkt zu schaffen für alle, denen das Werk Friedrich Nietzsches zum entscheidenden Erlebnis geworden ist«, in der Überzeugung, diese Philosophie erhebe den begründeten Anspruch, »nicht als Phänomen abstrakten Denkens ein Objekt kritischer Forschung zu bleiben, sondern als Forderung und Beispiel heroischer Haltung des Geistes in das lebendige Dasein des Einzelnen einzugreifen«. Diese Absicht war es, in der die Nietzsche-Gesellschaft e.V. »Rechtfertigung und Zuversicht« für »solche Sammlung« und »bewussten Zusammenschluss der Geister«[43] fand. Und es ist wohl die Qualität und Ebene *dieser Absicht*, in die sich der Bruch unwiderruflich – und zwar abseits und unabhängig vom Debakel des ideologischen Missverständnisses Nietzsches und den Schwierigkeiten seiner Überwindung – einzeichnet, denn gerade »das lebendige Dasein des einzelnen« ist es ja, was sich durch die Geschichte des 20. Jahrhunderts so tief und radikal verändert hat. Umso erstaunlicher ist, ja, »fast als ein Wunder« erscheint, dass sich gerade Nietzsches riskierte Philosophie »und damit auch Nietzsches bizarres ›System‹, unentwegt vom Einsturz bedroht«, gehalten hat und »nach wie vor beeindruckt« [44] – ein anderer Nietzsche, eine andere Nietzsche-Rezeption im »gebeugten« Licht unserer veränderten Wahrnehmung, sodass nicht nur die Realisierbarkeit, sondern der Wunsch, das Ver-gangene als solches gewissermaßen zu umarmen, abhanden gekommen ist, ja absurd erscheint. Vielmehr muss wohl die Bewegung, die ein Sich-Wiederfinden zu einer Ganzheit hin nicht ausschließen will, den Bruch als geschehen bewusst in sich aufzunehmen bereit sein.

Denken mit Nietzsche ist heute mehr als alles andere das Experiment einer Kommunikation, die langsam, behutsam-tastend, mehr nach der Art eines schreitenden Tanzes denn eines ekstatisch wirbelnden Derwisches vonstatten geht. Was kann es gestalten, was entnimmt es der das Zeitgeschehen dominierenden *Auflösung* – nicht nur des »abendländischen Subjekts« als einem Bezugspunkt europäischer Traditionsbestände, sondern auch des bisherigen Selbstverständnisses des Menschen und des natürlichen Kosmos' in den Revolutionen der Sziento-Technologie, dem Gegeneinander virulent- und fragwürdig-gewordener starr definierter Fixpunkte von »Menschentum« und »Welt« als Kennzeichnung der globalen Ist-Situation, die das Thema der »Grenzüberschreitung« allgegenwärtig sein lässt: im interkulturellen Dialog wie auch in der innerkulturellen Verständigung zwischen den »Kulturen« geistes- und sozialwissenschaftlichen und natur- und technikwissenschaftlichen Denkens sowie auch der Kulturen der Gegenwart und Vergangenheit? Bewusstmachung der eigenen je vorrangig veranschlagten Wahrnehmungs- und Interpretationsmuster und Aktivierung des (selbst-)kritischen Reflexionspotenzials (um Grenzen wahrnehmbar und damit vielleicht – prinzipiell – überschreitbar zu machen) sind gleichermaßen gefragt, um ein Klima zu schaffen, so dass (auch) im Gegeneinander ein Miteinander sich andeuten kann.

Worin aber könnte ein »insgesamt«, auf das ein Miteinander abhebt, das sich nicht auf den Begriff bringen und nicht aussagen lässt – nicht aussagen lassen darf –, bestehen? Könnte es vielleicht darin bestehen, dass es überhaupt möglich ist, die je eigene, höchst kontingent formulierte Wahrheit einem »anderen« – dem anderen Menschen oder der anderen Konzeption – anzutragen und zuzumuten, d.h. *Verbindungsfähigkeit* als fundamentale Hypothese oder stärkstes Credo anzunehmen – Bejahung des Eigenen *und* des Anderen als Rahmenbedingung einer kommunkativ-diskursiven Praxis? Vielleicht zeigte sich unter dem Staub der etwas alt-verblichen erscheinenden diskursethischen Forderung das Agens des Glaubens an das, was »ist«, als »gut«; d.h. die Bewegung eines alles durchdringenden und umgreifenden Bejahens als Triebkraft der Artikulation unterschiedlicher, verschiedener, gegensätzlicher und widersprüchlicher Sprachen und Perspektiven, welche die Wahrnehmung gewissermaßen anstacheln und vorantreiben. Und vielleicht ist es einer solchen induktiven Praxis auch möglich voranzuschreiten, ohne zu wissen und sagen zu können, wohin es geht. Anders gewendet könnte man von eben jener *Liebe* als ontologischer Realisierung sprechen, die gebraucht wird, um, im Sinne Nietzsches, eine Welt, wie sie existieren sollte, zu schaffen.

Rechtfertigung genug, so ist zu hoffen, für die Sammlung und »bewusste Begegnung der Geister« – Zuversicht für die weitere Arbeit eines Denkens mit Nietzsche in München.

»Überall waltet ein göttlich Geschick. Längst liegt deine Angel.
  Gurgelnd und wo du's kaum glaubst, schickt dir die Strömung den Fisch.«[45]

1 Verfasst von Beatrix Vogel
2 So Oberbürgermeister Dr. Christian Ude in seinen Grußworten zur Feier des 100. Geburtstages der Seidlvilla. In: Seidlvilla Verein e.V., Hrsg., 1905–2005. 100 Jahre Seidlvilla. Vom bürgerlichen Wohnen zum Haus für Bürger, München 2005.
3 Die genaue Formulierung zum »Zweck des Vereins« in der Satzung des Nietzsche-Forums München e.V. vom 5. September 2000 – an ihr war Heinz Friedrich maßgeblich beteiligt – lautet: »Werk und Denken, Person und Schicksal Friedrich Nietzsches haben in aller Welt unzählige Reaktionen hervorgerufen, oft aus divergenten oder konträren Blickwinkeln. Diese miteinander ins Gespräch zu bringen – auch im interkulturellen Kontext – und wechselseitige Verständigung zu befördern sowie neue Gesichtspunkte zur Geltung zu bringen, ist Zweck und Ziel des Vereins. Dabei sollen nicht nur Kenner und Fachleute angesprochen werden, sondern auch Außenstehende und das kulturell interessierte Publikum.«
4 Grußworte der Kulturreferentin, Prof. Dr. Dr. Lydia Hartl zur Feier des 100. Geburtstages der Seidlvilla, o.c.
5 Renate Reschke, Laudatio auf Curt Paul Janz, in: Nietzscheforschung. Jahrbuch der Nietzsche-Gesellschaft Band 5/6, S. 19.
6 Geehrt wurden, nach dem großen Nietzsche-Interpreten Prof. em. Dr. Wolfgang Müller-Lauter 1996), der, nach dem plötzlichen Tod von Mazzino Montinari, zusammen mit Prof. Dr. Karl Pestalozzi die Arbeit der Kritischen Gesamtausgabe der Werke Nietzsches auf der Basis internationaler Kooperation fortsetzte, der Nietzsche-Biograph Curt Paul Janz (1998), der Essayist und als Denk-Biograph Nietzsches hervorgetretene Rüdiger Safranski (2000), die Nietzsche-Editoren Marie-Luise Haase und Michael Kohlenbach (2002), der Dichter Durs Grünbein (2004) und zuletzt (2006) der Hildesheimer Moderne-Forscher und Verfasser einer »Europäischen Kulturgeschichte«, Prof. Dr. Silvio Vietta.
7 So heißt es in einem Konzept-Papier, Weimar, im März 1999 (als Ansprechpartner ist Dr. Rüdiger Schmidt, Kolleg Friedrich Nietzsche i.G. der Stiftung Weimarer Klassik, angegeben): »Das Kolleg wird also Nietzsches Gedanken von einem freien Europa aufnehmen und weiterentwickeln. Es soll in einem zusammenwachsenden Europa die gedankliche Brücke zwischen West und Ost und den verschiedenen kulturellen Traditionen bilden. Von Weimar sollen Impulse für ein europäisches Denken ausgehen.« Die Eröffnungstagung im Rahmen des Kollegs Friedrich Nietzsche (12.–14.11.1999) ist »Nietzsche in Europa. Ein europäisches Gespräch« gewidmet.
8 Freilich sehr selektiv: teils unter dem Gesichtspunkt von Beziehungen, die für die Entwicklung der Arbeit des Nietzsche-Kreises als neu zu knüpfende, notwendig wie selbstverständlich, zunehmend wichtig wurden, teils, um die beiden Linien zu verdeutlichen, die sich m.E. mit der Neuentdeckung Nietzsches heraushoben: die Bemühung um den »originalen« Texte als Grundlage einer sachlichen Auseinandersetzung einerseits und das Denken und Weiterdenken mit Nietzsche auf der Linie seiner grundlegenden Kulturkritik der Moderne und damit Europas andererseits. – Die »Vernetzung« mit den Nietzsche-Zentren im näheren Umfeld begleitete die hier betrachtete Arbeit der letzten zehn Jahre als ausdrückliche Absicht wie konstruktiv-gestaltendes Element. Zum Nietzsche-Haus Sils Maria – der Kreis hatte schon zu Albert Kopfs Zeiten Reisen dorthin unternommen –; der einzigartigen Institution seiner Freunde und seines Stiftungsrates: die Nietz-

Nietzsche-Kreis und Nietzsche-Forum München e. V.: Die Jahre 1994–2007

sche-Kolloquien, die, seit 1981, inzwischen zum 26. Mal, alljährlich im Hotel Waldhaus stattfinden und denen es »um ein vorurteilsfreies Verständnis Nietzsches und eine sorgfältige Interpretation seiner Werke, aber auch die Darstellung und Diskussion seiner vielschichtigen Wirkungsgeschichte« geht (www.sils.ch); zum Kreis um den Nietzsche-Gelehrten Prof. Dr. Jörg Salaquarda und Prof. Dr. Johann Figl im benachbarten Wien, aus dem im Jahre 2002 die Gründung der österreichischen Nietzsche-Gesellschaft erfolgte. Und schließlich, nicht zuletzt, zur New York Nietzsche-Society, durch ein glückliches Zusammentreffen mit deren Präsidentin, Frau Professor Babette B. Babich.

9 Nietzsche in seinen Gedichten. Zeugnisse eines spirituellen Weges, in: Max Werner Vogel, Nietzsches Hinterkopf. Meditationen über Friedrich Nietzsche. 5 Vorträge für den Nietzsche-Kreis München. Essen, 1995, S. 97 ff..

10 Der Satz findet sich in GWF Hegel, Phänomenologie des Geistes, Frankfurt, Berlin Wien 1973, Vorrede, S. 36.

11 Beide in freier Rede gehaltenen Vorträge – von Eberhard Simons und Manfred Zahn – wurden in Band 1 unserer Jahrbuchreihe: Mit Nietzsche denken. Publikationen des Nietzsche Kreises: Chronik des Nietzsche-Kreises München. Vorträge aus den Jahren 1990–1998« abgedruckt. Der im genannten Band unter dem Titel ›Die Zeit für kleine Politik ist vorbei‹. Friedrich Nietzsche und Europa publizierte Beitrag von Manfred Zahn – der diesen Vortrag bereits unter dem Einfluss seiner Krankheit mit einer großen, anrührenden Willensanstrengung absolvierte – stellt ein gemeinsam mit Dr. Manfred Gawlina zuvor erarbeitetes Manuskript dar, auf dem wiederum der mündliche Vortrag von Professor Zahn basierte.

12 Zugleich eine Erläuterung der Stationen seiner, Friedrichs, Nietzsche-Rezeption. Die überarbeitete Fassung des Vortrags für die Aufnahme in Band 1 der Publikationen des Nietzsche-Kreises München trägt daher den Titel: »Mit Nietzsche leben. Stationen (m)einer Nietzsche-Rezeption«. – eine gekürzte Fassung dieses Vortrags findet sich in Heinz Friedrich, Vom Gegenglück des Geistes. Zeit und Zeitgenossen, München 2002, S. 230 ff..

13 Max Werner Vogel verstarb am 11.1.1995. Manfred Zahn konnte meines Wissens das für das WS 1994/95 angekündigte Seminar zu Nietzsche: Schopenhauer als Erzieher nicht mehr antreten; er starb am 1.1.1996.

14 Manfred Zahn und Max Werner Vogel stehen – in sehr unterschiedlicher Weise – für eine weiterhin, trotz der »Auflösung des abendländischen Subjekts«, relevante subjektphilosophische »Grundierung« des Feldes der Nietzsche-Interpretation(en).

15 Auch er ist inzwischen verstorben: am 8. April 2005.

16 Es war der Vortrag von Prof. Dr. Franz Buggle (Universität Freiburg): »Denn sie wissen nicht, was sie glauben oder warum man redlicherweise nicht mehr Christ sein kann«, am 29. Mai 1995 – nach der unter gleichem Titel publizierten Streitschrift, Reinbek 1992; überarbeitete und erweiterte Neuauflage Aschaffenburg 2004.

17 Die Quelle des entsprechenden Passus' aus dem Vorwort von Silvio Viettas »Europäische Kulturgeschichte«, den ich dieser »Chronik« vorangestellt habe, ist eben dort ausgewiesen.

18 So Harald Seuberts spätere Charakterisierung des Nietzsche-Forums München in seiner »heute einzigartigen Signatur«, vgl. seine Einführung zu Band 3 der Publikationen des Nietzsche-Forums München e. V.: Beatrix Vogel und Harald

Seubert, Hrsg., Die Auflösung des abendländischen Subjekts und das Schicksal Europas. Symposion 2000 des Nietzsche-Forums München. Vorträge aus den Jahren 2000 bis 2002. München 2005, S. 32.

[19] Da die Gesprächskreise als nicht-öffentliche Tagungen nicht in unserer Vortragschronik aufgeführt sind: Hier eine Übersicht über die Themen 1997–2006: 1.–3. Gesprächskreis (8./9. März 1997; 14./15. Februar 1998; 20./21. Februar 1999): »Analyse der Ist-Situation (Wie ist Religion präsent?)«; »Defizitanalyse der modernen Rationalität« und »Erscheinungsformen heutiger Religiosität unter besonderer Berücksichtigung religionsähnlicher Phänomene (in der Jugend- und Pop-Kultur, der Techno-Szene, im Sport) sowie interkultureller Aspekte«. – 4. Gesprächskreis (19./20. Februar 2000): »Religiöse Phänomene in der bildenden Kunst und in der Gegenwartsliteratur.« – 5. Gesprächskreis (10./11. Februar 2001): »Die religiöse Erfahrung und das Problem der Versprachlichung«. – 6. Gesprächskreis (20./21. April 2002): «Übergangsriten und Reifungsprozesse – Lässt uns unsere Gesellschaft noch erwachsen werden?« – 7. Gesprächskreis (13./13. April 2003): »Rituale als gesellschaftliche und politische Phänomene: Auf welche Transzendenz verweisen Rituale?« – 8. Gesprächskreis (8./9. Mai 2004): »Gewalt und Macht – sind wir friedens- und versöhnungsfähig?« – 9. Gesprächskreis (1. November 2005): die Frage der Theodizee im interkulturellen und interreligiösen Kontext«. Der 10. Gesprächskreis (30. November 2006) steht unter dem Thema: »(Wo sind) die Grenzen der Rationalität – (wo sind) die Grenzen der Religion?« – Ein Bericht über die Inhalte der ersten fünf Gesprächskreis-Treffen findet sich in: Beatrix Vogel, Hrsg., Spuren des Religiösen im Denken der Gegenwart. Otterfinger Gesprächskreis 1997–2001. Denken mit Nietzsche. Publikationen des Nietzsche-Forums München, Sonderband 1, München 2004, Einleitung, S. 15 ff..

[20] Er hat dem Nietzsche-Kreis München seinen Beitrag zum Symposion 1996 gleichsam nachgereicht – mit seinem Vortrag am 16. Februar 1998: »Wohin ist Gott« – Überlegungen zur Möglichkeit des Christseins unter Bedingungen der Moderne.

[21] Nietzsche als Gesprächspartner eines interkulturell ausgerichteten Philosophierens hat Frau Dr. Elke Wachendorff, seit der Neugründung des Nietzsche-Forums München Mitglied des wissenschaftlichen Beirats, eine Publikation gewidmet, die vor wenigen Monaten erschien: E.A. Wachendorf, Friedrich Nietzsche; Denker der Interkulturalität, Band 88 der Reihe Interkulturelle Bibliothek, Nordhausen 2006.

[22] Diese für die Entwicklung des (späteren) Nietzsche-Forums München so wichtige Förderung erwuchs aus der in intensiven Gesprächen errungenen, von wechselseitigem Respekt und Vertrauen geprägten Beziehung zu Dr. Hans Sauer, der am 13. 5. 1996 – plötzlich – verstarb. So war ich sehr dankbar für die Gesprächsoffenheit und das entgegenkommende Verständnis und die weitere Förderung unsere Arbeit, die uns Frau Eva Sauer, Frau Monika Sachtleben, geb. Sauer, und zuletzt Frau Ulrike Sauer in den folgenden Jahren zukommen ließen.

[23] Friedrich Würzbach, Dionysos. Vortrag gehalten zur Eröffnung der Nietzsche-Gesellschaft. Verlag der Nietzsche-Gesellschaft im Musarion Verlag München, 1922.

[24] Ariadne, Jahrbuch der Nietzsche-Gesellschaft 1925, herausgegeben von Ernst Bertram, Hugo von Hofmannsthal, Thomas Mann, Richard Oehler, Leo Schestow, Heinrich Wölfflin, Friedrich Würzbach, Verlag der Nietzsche-Gesellschaft im Musarion Verlag München, 2. Auflage, 4. bis 6. Tausend, S. 122.

25 Münchner Merkur Nr. 276, 29.11.1999, S. 13.
26 Zum Auftakt der Veranstaltungen anlässlich Nietzsches 150. Geburtstag – Max Vogels Vortrag am 27. September zu Nietzsches Lyrik – war der seit Oktober 1990 geführte Untertitel: »Forum zur Pflege der Philosophie im Anschluss an Friedrich Nietzsche« abgeändert worden zu: »Forum für philosophisches Denken mit Friedrich Nietzsche«.
27 Er enthält die Beiträge des Symposions 1996 »Von der Unmöglichkeit oder Möglichkeit, ein Christ zu sein« sowie Vorträge aus den Jahren 1996–2001.
28 Heinz Friedrich, Friedrich Nietzsche – Ein Mythos? In: Beatrix Vogel, Hrsg., Von der Unmöglichkeit oder Möglichkeit, ein Christ zu sein, München 2001, S. 12.
29 Eine Geschichte der Münchner Nietzsche-Vereinigung, insbesondere ihrer Umgestaltungen nach dem Tode Friedrich Würzbachs und dem Verlust des Titels »Nietzsche-Gesellschaft e.V.«, ließe sich geradezu als »Geschichte der Untertitel« fassen: beginnend unter Albert Kopf, seit Juni 1969, als »Gemeinschaft der Pflege der Philosophie Nietzsches«, firmierte der Nietzsche-Kreis München ab Dezember 1989, unter Dr. Beatrix Vogel, zuerst ohne Untertitel, dann als »Gemeinschaft zur Pflege der Philosophie im Anschluss an Nietzsche« sowie, ab September 1994, als »Forum für philosophisches Denken mit Friedrich Nietzsche«. Diese Formel fand, seit November 1999, dann ihren prägnanten Nenner im heutigen Namen: »Nietzsche-Forum München – Denken mit Friedrich Nietzsche«.
30 So Harald Seubert in seiner »Rede zur Neugründung des Nietzsche-Forums in München am 13.06.2000, Seidlvilla München«.
31 Die Zitate dieses Abschnitts entstammen allesamt der genannten »Geburtstags-Rede« Harald Seuberts.
32 Gianni Vattimo, S. 171.
33 Gianni Vattimo, Die Weisheit des Übermenschen. Übersetzung aus dem Italienischen von Elke Wachendorff. In: Beatrix Vogel und Harald Seubert, Die Auflösung des abendländischen Subjekts und das Schicksal Europas ..., o.c., S. 175.
34 Heinz Friedrich, Ecce Homo? Nietzsches »Übermensch« im Zwielicht unserer Erfahrung. In: Beatrix Vogel und Harald Seubert, Hrsg., Die Auflösung des abendländischern Subjekts und das Schicksal Europas. Symposion des Nietzsche-Forums München. Vorträge aus den Jahren 2000–2002. Mit Nietzsche denken. Publikationen des Nietzsche-Forums München e.V., Bd. 3, S. 528.
35 Zu seinem 80. Geburtstag am 14. Februar 2002 erschien im Deutschen Taschenbuch Verlag Heinz Friedrichs Sammelband unter dem (an Gottfried Benns Wort angelehnten) Titel: »Vom Gegenglück des Geistes. Zeit und Zeitgenossen«.
36 Heinz Friedrich, »Wir Philologen«, Rede zum 65. Geburtstag von Mazzino Montinari«, o.c., S. 191 f..
37 Heinz Friedrich, o.c., S. 199.
38 Börsenblatt 92, 16.11.1990, hier zitiert nach: Ein Leben im Gegenglück des Geistes. Heinz Friedrich (1922–2004), Verleger, Autor, Akademiepräsident. Eine Ausstellung der Bayerischen Staatsbibliothek, München 2005, S. 143.
39 Im Dezember 2004, noch in Friedrichs Todesjahr, konnte die von Heinz und Maria Friedrich schon seit längerer Zeit vorbereitete gemeinnützige Heinz-Friedrich-Stiftung gegründet werden, die vor allem die große kulturwissenschaftliche Privatbibliothek von Heinz Friedrich der öffentlichen Nutzung zugänglich machen wird und beispielsweise durch Kolloquien das »kulturelle Lebenswerk

des Verlegers lebendig bewahrt« (Björn Göppl, Hrsg., Heinz Friedrich. Erlernter Beruf: Keiner. Erinnerungen an das 20. Jahrhundert, rückwärtiger Klappentext). Wenn hier davon gesprochen wird, dass das »geistige Erbe« Heinz Friedrichs auch im Nietzsche-Forum München lebendig bleibe, so ist dies freilich indirekter und im Rahmen der weiten Ausstrahlung von Friedrichs kulturellem und wissenschaftlichem Lebenswerk zu verstehen.

[40] Dr. Robert Josef Kozljanic, Zum Tod des Philosophen Eberhard Simons, in: Widerspruch, Münchner Zeitschrift für Philosophie, 43/2005, S. 135–138, hier S. 136f.

[41] Ebenda.

[42] »Doch alle Lust will Ewigkeit, will tiefe, tiefe Ewigkeit« (15.02.1993); »›Das Wahre ist so der bacchantische Taumel, an dem kein Glied nicht trunken ist‹ – Festvortrag zum 150. Geburtstag Friedrich Nietzsches« (14.10.1994) – beide abgedruckt in »Mit Nietzsche-Denken«, Band 1 der Publikationen des Nietzsche-Kreises München –; sodann seine vier Vorträge auf dem von ihm zusammen mit dem damaligen Nietzsche-Kreis München konzipierten Symposion: »Von der Unmöglichkeit oder Möglichkeit, ein Christ zu sein. Zur europäisch-abendländischen Freiheits- und Wertekonstitution« (23.–25.02.1996) – abgedruckt in Band 2 der Publikationen des Nietzsche-Forums München –; »Die Notwendigkeit der Konstitution des Subjektbegriffs in der Neuzeit, die Auflösung des Subjekts in der Moderne und die Frage nach dem Neuanfang«, Eröffnungsvortrag des Symposions: »Die Auflösung des abendländischen Subjekts und das Schicksal Europas« (10.11.2000) – abgedruckt in Band 3 der »Publikationen ...« –; und zuletzt: »Monotheismus und Zwangsgewalt«; Vortrag auf dem 6. Kolloquium des Nietzsche-Forums München: »Das Gottesverständnis und die Gewalt« (11.12.2004); sein Beitrag: »Europäischer Kulturhorizont heute. Zur Voraussetzung gegenwärtiger Religionsauseinandersetzungen« (Gesprächskreis 10./11. Februar 2001) findet sich in Sonderband 1 der »Publikationen ...«: »Spuren des Religiösen im Denken der Gegenwart«.

[43] Ariadne, Jahrbuch der Nietzsche-Gesellschaft, München 1925, S. 150.

[44] Heinz Friedrich, Mit Nietzsche leben. Stationen (m)einer Nietzsche-Rezeption, in: Alois K. Soller und Beatrix Vogel, Hrsg., Chronik des Nietzsche-Kreises München. Vorträge aus den Jahren 1990–1998, Neuried 1999, S. 233.

[45] »Casus ubique valet. Semper tibi pendeat hamus:
Quo minime credis gurgite, piscis erit«.

Unveröffentlichte Übersetzung von Max Werner Vogel. Herrn Albert von Schirnding verdanke ich die Auffindung der Quelle dieses Verses von Ovid: Das Zitat stammt aus Ovids Ars amatoria, 3. Buch, Vers 425/426. In der neuesten Übersetzung der »Ars amatoria« von Niklas Holzberg – auch diesen Hinweis danke ich Albert von Schirnding – lautet die deutsche Übersetzung so:

»Zufall regiert überall, wirf die Angel stets aus; in dem Wasser, wo du's am wenigsten glaubst, dort wird ein Fisch für dich sein.«

Anhang 2:

Chronik der Vorträge 1965–2006[46]

Vorträge der Ära Schweiger-Kopf (nach Unterlagen von Albert Kopf):

27. Jan.	1965	Dr. Schweiger, Dr. Baader sprechen im Künstlerhaus
22. Febr.	1965	Mitgliederversammlung (Neugründung), Künstlerhaus
15. März	1965	(N.N.) Der Imperativ Kant-Nietzsche, Künstlerhaus
5. April	1965	Verschiedenes, Künstlerhaus
3. Mai	1965	Mitgliederversammlung, Künstlerhaus
26. Juli	1965	Albert Kopf zur Biographie Nietzsches, Künstlerhaus
25. Aug.	1965	Veranstaltung zum 65. Todestag Nietzsches mit Lesung von Oswald Spenglers Rede zum 80. Geburtstag, Künstlerhaus
15. Okt.	1965	Mitgliederversammlung, Künstlerhaus
15. Nov.	1965	Albert Kopf: Die frohe Botschaft Nietzsches, Torggelstube
13. Dez.	1965	Dr. Schweiger: Was ist »dionysisch«?, Torggelstube
17. Jan.	1966	Albert Kopf: Der Übermensch in der Literatur, Torggelstube
7. März	1966	Albert Kopf: Der Übermensch ... (Fortsetzung), Torggelstube
21. März	1966	Albert Kopf: Der Übermensch ... (Fortsetzung), Torggelstube
9. Mai	1966	Inge Schwarz: Nietzsche und die Frauen, Torggelstube
13.–15. Aug.	1966	Fahrt der Nietzsche-Gesellschaft nach Sils-Maria
15. Okt.	1966	A. Kopf: Programm und Aufgaben der Nietzsche-Gesellschaft
7. Nov.	1966	Nietzsche-Lesung und Mitgliederversammlung, Torggelstube
5. Dez.	1966	Albert Kopf: Der Übermensch bei Nietzsche, Torggelstube
9. Jan.	1967	Lesung u. Vortrag Albert Kopf: Umwertung aller Werte, Torggel
13. Febr.	1967	Lesung u. Vortrag Albert Kopf: Wille zur Macht, Torggelstube
6. März	1967	Lesung u. Vortrag Dr. Schweiger: Ewige Wiederkehr, Torggel
24. April	1967	Mitgliederversammlung, Torggelstube
5. Juni	1967	Else Kornetzki: Der junge Nietzsche und die Naturwissenschaft
		Dr. Schweiger: Die Literatur des jungen Nietzsche, Torggelstube
19. Juni	1967	Frau Hefele: Nietzsche und das Glück, Torggelstube
		Frau Kornetzki: Nietzsches Abwendung von Christus, Torggel
3. Juli	1967	Herr Jakob: Nietzsches Reisen
		Dr. Schweiger: Nietzsche als Student, Torggelstube
17. Juli	1967	Hans-Ekkehart Glöckner: Nietzsche und die Gesundheit
		Albert Kopf: Nietzsche und die Erziehung, Torggelstube
28. Aug.	1967	Albert Kopf u. Frau v. Stetten: Nietzsche und die Musik I, Gaststätte Kunstgewerbehaus (= KGH)

Anhang 2

11. Sept. 1967	Albert Kopf u. Frau v. Stetten: Nietzsche und die Musik II, KGH
25. Sept. 1967	Albert Kopf: Nietzsche und Richard Wagner I, KGH
23. Okt. 1967	Albert Kopf: Nietzsche und Richard Wagner II, KGH
14. Nov. 1967	Else Kornetzki: Hätte Nietzsche zum Nationalsozialismus ja gesagt?, KGH
4. Dez. 1967	Albert Kopf: Also sprach Zarathustra – Tondichtung von Richard Strauss (mit Musik), KGH
15. Jan. 1968	Dr. Schweiger: Was versteht Nietzsche unter Bildung, KGH
5. Febr. 1968	Mitgliederversammlung, KGH
4. März 1968	Frau Hefele: Friedrich Würzbach über Bildung, KGH
8. April 1968	Albert Kopf: Nietzsche vom Philologen zum Philosophen, KGH
20. Mai 1968	Dr. Schweiger: Nietzsche und seine griechischen Grundlagen I, KGH
18. Juni 1968	Dr. Schweiger: Nietzsche und seine griechischen Grundlagen II, KGH
15.–18. Aug. 1968	Fahrt der Nietzsche-Gesellschaft nach Sils-Maria
21. Okt. 1968	Zum 124. Geburtstag Nietzsches: Selbstdarstellung, Künstlerhaus
11. Nov. 1968	Else Kometzki: Die Bedeutung der Entwicklungslehre in Nietzsches Denken, Künstlerhaus
2. Dez. 1968	Dr. Schweiger: Elitebildung, Künstlerhaus
13. Jan. 1969	Dr. Schweiger: Nietzsches Thesen zu den deutschen Bildungsanstalten, Künstlerhaus
3. März 1969	Albert Kopf: Der Weg des Nihilismus von Friedrich Nietzsche bis heute I, Künstlerhaus
14. April 1969	Albert Kopf: (Fortsetzung...), II, Künstlerhaus

Vorträge des Nietzsche-Kreises München unter Albert Kopf:

2. Juni 1969	Mitgliederversammlung, Spatenhof
23. Juni 1969	Else Kornetzki über den Evolutionsbegriff, Spatenhof
15. Juli 1969	Albert Kopf: 15 Punkte über Nietzsche, Spatenhof
16. Aug. 1969	Albert Kopf: Die frohe Botschaft Nietzsches, Spatenhof
23. Sept. 1969	Albert Kopf: (Fortsetzung »Fröhliche Wissenschaft«)
13. Okt. 1969	Albert Kopf: Nietzsche über Bildung und Erziehung
17. Nov. 1969	Albert Kopf: Umwertung aller Werte, Spatenhof
26. Jan. 1969	Herr Richter: Vom Rationalen zu Nietzsche, Spatenhof
23. Febr. 1970	Else Kornetzki: Über Friedrich Würzbach, Spatenhof
23. März 1970	Herr von Barloewen: Universalgeschichte und Evolution des Menschen, Spatenhof
7. April 1970	Mitgliederversammlung, Spatenhof

27. April	1970	Albert Kopf: Nietzsches Gedanken über die Frage: Was ist Wahrheit?, Spatenhof
25. Mai	1970	Rudolf Hirsekorn: Nietzsche, der große Philosoph der Ganzheitssicht, Spatenhof
24. Aug.	1970	Ulrich Grummes: Die Denkerfahrung des jungen Nietzsche (zum Todestag Friedrich Nietzsches) Spatenhof
22. Sept.	1970	Rudolf Hirsekorn: Gedanken zur kosmisch orientierten Ethik von morgen im Sinne der Ganzheitssicht Friedrich Nietzsches, Spatenhof
23. Nov,	1970	Albert Kopf: Nietzsches Philosophie im Urteil des Zwanzigsten Jahrhunderts I: Karl Jaspers, Spatenhof
18. Jan.	1971	Albert Kopf (Fortsetzung II): Ernst Jünger und Friedrich Georg Jünger, Spatenhof
15. Febr.	1971	Dr. Leopold Bayerl (Fortsetzung III): Zur Nietzsche-Deutung von Martin Heidegger, Spatenhof
30. März	1971	Albert Kopf: Einführung und Werkanalyse von Richard Strauss' Tondichtung »Also sprach Zarathustra« (am Klavier: Petra Jacob), Ratskeller
26. April	1971	Prof. Dr. Herman Wein: Die Entkitschung Nietzsches, Ratskeller
24. Mai	1971	Dr. Leopold Bayerl: Gott lebt – Gott ist tot – oder Glaube und Unglaube ist dasselbe, Ratskeller
21. Juni	1971	Dr. Leopold Bayerl: Sünde, das gibt es nicht – zu Nietzsches Lehre von der »Unschuld des Werdens«, Ratskeller
... Juli	1971	Dr. Leopold Bayerl, Fortsetzung ..., Ratskeller
20. Sept.	1971	Albert Kopf: Nietzsche als Musiker u. Komponist, Ratskeller
25. Okt.	1971	Dr. Leopold Bayerl: Angst u. Leid in der modernen Welt
29. Nov.	1971	Rudolf Hirsekorn: Das Ewig-Unzerstörbare im Menschen aus der Sicht des Mythos und der Philosophie Schopenhauers und Nietzsches, Ratskeller
24. Jan.	1972	Albert Kopf: Die Umwertung aller Werte, Ratskeller
28. Febr.	1972	Dr. Leopold Bayerl: Nietzsche und der Okkultismus, Ratskeller
27. März	1972	Albert Kopf: Nietzsche und die Musik (mit Liedern), Ratskeller
24. April	1972	Dr. Leopold Bayerl: Hegels und Nietzsches Analysen des Judentums, Ratskeller
29. Mai	1972	A. Kopf: Übermensch: Einführung und Versuch einer Deutung
25. Sept.	1972	Dr. Egon v. Niederhoeffer: Ludwig Klages, der Deuter Friedrich Nietzsches, Hansahaus
30. Okt.	1972	Dr. Leopold Bayerl: Sehnsucht als Urquell, Wienerwald, Hofgarten
24. Nov.	1972	Dr. Mirtschuin: Lebensphilosophie, Wienerwald, Hofgarten
29. Jan.	1973	Albert Kopf: Nietzsche als Prophet, Wienerwald, Hofgarten
26. Febr.	1973	Dr. Theodor Haakh: Zivilisation contra Kultur, Wienerwald,

Anhang 2

		Hofgarten 26. März 1973 Albert Kopf: die frohe Botschaft Nietzsches, Wienerwald, Hofgarten
7. Mai	1973	Rudolf Hirsekorn: Ewige Wiederkunft, Wienerwald, Hofgarten
28. Mai	1973	Dr. Heidi (Fulda): Menschliche Harmonie, Wienerwald, Hofgarten
28. Sept.	1973	Dr. Leopold Bayerl: Individualismus, Spatenhof
29. Okt.	1973	Albert Kopf: Nietzsches Gedanken über Erziehung und Bildung, Spatenhof
3. Dez.	1973	Frl. Krause: Nietzsches Vorausschau, Spatenhof
22. Jan.	1974	Prof. Dr. Georgi Schischkoff (Salzburg): Philosophie und Ideologie (gemeinsam mit der VHS München), Max-Gymnasium
19. Febr.	1974	Heinrich Strube: Nietzsche u. d. Naturwissenschaft, Spatenhof
25. März	1974	Dr. Theodor Haakh: Naturwissenschaft als Ersatzreligion, Spatenhof
29. April	1974	Rudolf Hirsekorn: Ist der Übermensch ..., Spatenhof
27. Mai	1974	Else Kometzki: Nietzsche: Moralist oder Immoralist? Spatenhof
30. Sept.	1974	Albert Kopf: Der Übermensch, Spatenhof
4. Nov.	1974	Albert Kopf: Richard Wagner und Friedrich Nietzsche I, Spatenhof
2. Dez.	1974	Albert Kopf: Richard Wagner und Friedrich Nietzsche II, Spatenhof
27. Jan.	1975	Dr. Hans-Joachim Becker: Nietzsche und Adorno, Spatenhof
6. März	1975	Dr. O. Mayer: Nietzsche als Gegner der Hauptströmungen seiner Zeit, Spatenhof
28. April	1975	Mitgliederversammlung, Spatenhof
9. Juni	1975	Albert Kopf: Nietzsche und der Charontische Kreis, Spatenhof
29. Sept.	1975	Dr. Leopold Bayerl: Nietzsche und Buber, Spatenhof
9. Okt.	1975	Prof. Dr. Georgi Schischkoff (Salzburg): Friedrich Nietzsche, Werk und Bedeutung nach 1975 Jahren, Lenbachhaus
24. Nov.	1975	Dr. Marcanish: Nietzsche in Australien, Spatenhof
26. Jan.	1976	Dr. Haakh: Nietzsche u. Klages u. d. Wissenschaft, Spatenhof
27. Febr.	1976	Dr. Leopold Bayerl: Wille zur Neuheit und Wille zur Macht, Spatenhof
29. März	1976	Dr. E. v. Niederhoeffer: Nietzsche in seiner Handschrift, Spatenhof
26. April	1976	Kurt Niklasch: 1. Rezitationsabend (Zarathustra), Spatenhof
24. Mai	1976	Albert Kopf: Würzbach zur Umwertung der Werte, Spatenhof
27. Sept.	1976	Kurt Niklasch: 2. Rezitationsabend, Spatenhof
25. Okt.	1976	Albert Kopf: Nietzsches Gedanken zu Erziehung und Bildung – nach 100 Jahren noch aktuell!, Spatenhof
29. Nov.	1976	Herr Weingärtner: »Weltreise«, Spatenhof

31. Jan.	1977	Dr. Theodor Haakh: Klages über Nietzsche, Spatenhof
28. Febr.	1977	Heinrich Strube: Zeichnerische Darstellung ..., Spatenhof
30. März	1977	Dr. Egon v. Niederhoeffer: Nietzsche u. seine Handschrift
25. April	1977	Herr Wehr/A. Kopf: Nietzsche und die Tiefenpsychologie
13. Juni	1977	Dr. von Pippich: Nietzsche in der Tschechei, Spatenhof
26. Sept.	1977	Rudolf Hirsekorn: Der Gottesbegriff Nietzsches – die Grundlage der kosmischen Urreligion, Spatenhof
31. Okt.	1977	Albert Kopf: Aspekte und Deutungen des Übermenschen, Spatenhof
28. Nov.	1977	Heinrich Strube: »Im Fluge über Leben und Werk von Friedrich Nietzsche«, Spatenhof
30. Jan.	1978	Mitgliederversammlung, Spatenhof
27. Febr.	1978	H. Strube: Wie sah Nietzsche die Zukunft der Menschheit? Spatenhof
20. März	1978	Dr. Egon von Niederhoeffer: Das Willensproblem, Spatenhof
24. April	1978	Albert Kopf: Der Prophet Friedrich Nietzsche, Spatenhof
25. Sept.	1978	Albert Kopf: Vereinigte Staaten von Europa, Spatenhof
30. Okt.	1978	Dr. Egon von Niederhoeffer: Nietzsches Handschrift im Verlauf seines Lebens, Spatenhof
27. Nov.	1978	Manfred Krause: »Die Idylle«, Spatenhof
29. Jan.	1979	Rudolf Hirsekorn: Urkult der komischen Zeitgottheit und christlicher Kult in der Philosophie Nietzsches, Spatenhof
26. Febr.	1979	Renate Friedel: Grundgedanken hinter der Vielseitigkeit und Vieldeutigkeit von Nietzsches Werk, Spatenhof
26. März	1979	Albert Kopf: Nietzsches Gedanken über die Frage »Was ist Wahrheit?«
30. April	1979	Dr. Hans-Joachim Becker: Max Horkheimers Nietzsche-Interpretation als Beitrag zur Genese der kritischen Theorie, Spatenhof
28. Mai	1979	Rudolf Hirsekorn: Die Psychologie der Praxis Nietzsches. Der Weg zum Übermenschen, Spatenhof
24. Sept.	1979	A. Kopf: Also sprach Zarathustra. Entstehung, Aufbau, Bedeutung und Deutungen, Spatenhof
29. Okt.	1979	Harm Seyr: Die Symbolik in Nietzsches Zarathustra, Spatenhof
26. Nov.	1979	Rudolf Hirsekorn: Der Wille zur Macht, Spatenhof
28. Jan.	1980	Ulf Jörg Rowold: Wer war Zarathustra?, Spatenhof
25. Febr.	1980	Winfried Dentler: »Der Übermensch« – Deutung des Begriffs und praktische Vorschläge zur Verwirklichung, Spatenhof
31. März	1980	Albert Kopf: Der Wille zur Macht im Zarathustra und in den späteren Werken Nietzsches I, Spatenhof
28. April	1980	Albert Kopf: Der Wille zur Macht ... II, Spatenhof
22. Mai	1980	Albert Kopf: Der Wille zur Macht ... III, Spatenhof

Anhang 2

25. Sept.	1980	Holger Schmid (Tübingen): »Die ewige Wiederkehr des Gleichen«, Nietzsches schwerster Gedanke, Stadt Köln
24. Okt.	1980	Albert Kopf: Die frohe Botschaft Friedrich Nietzsches, Köln
22. Febr.	1981	Mitgliederversammlung, Ansprengerstr. 25/VI
29. Sept.	1981	Prof. Dr. Werner Ross: Friedrich Nietzsche, seine Lehren aus seinem Leben, Torbräu
26. Okt.	1981	Heinrich Strube: Stufen der geistigen Entwicklung bei Nietzsche, Torbräu
30. Nov.	1981	Albert Kopf: Umwertung aller Werte, Torbräu
25. Jan.	1982	Dr. Egon von Niederhoeffer: Nietzsche und seiner Freunde Schrift zur Zeit des Zarathustra, Torbräu
22. Febr.	1982	Albert Kopf: Wagner und Nietzsche (und: Paragraphen gegen die »Nibelungen«) Torbräu
29. März	1982	Albert Kopf: Der Musiker Friedrich Nietzsche, Torbräu
26. April	1982	Albert Kopf: »Die Musik macht den Geist frei« – Nietzsches Philosophie der Musik, Torbräu
25. Mai	1982	Albert Kopf: Friedrich Nietzsches Antworten auf die Frage: »Was ist Wahrheit?«, Torbräu
27. Sept.	1982	Rudolf Hirsekorn: Nietzsche: Lehrer der Psychologie der Praxis als Weg zum Übermenschen, Torbräu
25. Okt.	1982	Dr. Egon von Niederhoeffer: Der reine und der freie Geist bei Nietzsche, Torbräu
29. Nov.	1982	Rudolf Hirsekorn: Nietzsche, der Weisheitslehrer einer Psychologie der Praxis als Weg zum Übermenschen II, Torbräu
31. Jan.	1983	Dr. Egon v. Niederhoeffer: Nietzsche und Amerika, Torbräu
28. Febr.	1983	Dr. Theodor Haakh: Wald und Wahn, Torbräu
28. März	1983	Albert Kopf: Der Prophet Friedrich Nietzsche, Torbräu
30. Mai	1983	Dr. Theodor Haakh: Von der Naturverehrung zur Naturzerstörung, Torbräu
26. Sept.	1983	Albert Kopf: Nietzsche über Erziehung und Bildung, Torbräu
31. Okt.	1983	Dr. Egon v. Niederhoeffer: Leben und Erleben bei Nietzsche und Klages in ihren Auffassungen, Torbräu
26. Nov.	1983	Albert Kopf: Werkanalyse zu Richard Strauss' »Also sprach Zarathustra«, Torbräu
30. Jan.	1984	Dr. Theodor Haakh: Zwei Denker als Dichter: Nietzsche und Klages. –Der poetische Niederschlag ihrer Philosophie, Torbräu
27. Febr.	1984	Franz Mitteldorf: Elitäres Denken und im besonderen das elitäre Denken Nietzsches, Torbräu
26. März	1984	Dr. Egon von Niederhoeffer: Nietzsche und Hölderlin und ihre Zukunftsschau, Torbräu
5. Mai	1984	Soiree des Nietzsche-Kreises Essen-Brilon: Dr. W. L. Hohmann; Prof. Dr. Dr. Karel Mácha: »Friedrich Nietzsche. Zweifel und Einsamkeit (Musik Jan Truhlar)«, Pfarrheim St. Gabriel

Chronik der Vorträge der Nietzsche-Gesellschaft 1965–2007

28. Mai	1984	Holger Schmid (Tübingen): Das Labyrinth in Nietzsches Denken (zusammen mit dem Nietzsche-Kreis Essen-Brilon), Torbräu
14. Juni	1984	Philos.-musikal. Soiree zusammen mit dem Nietzsche-Kreis Essen-Brilon: Dr. Henning Ottmann: Die Aufklärung bei Nietzsche. Musik von H. Villa-Lobos (am Klavier Johannes Klier), St. Gabriel
24. Sept.	1984	Dr. Hans Habsch: Die Selbstverwirklichung des Menschen bei Nietzsche (gemeinsam mit Nietzsche-Kreis Essen-Brilon), Torbräu
20. Okt.	1984	Soiree (mit dem Nietzsche-Kreis Essen-Brilon) Albert Kopf: Werkanalyse von R. Strauss: Also sprach Zarathustra. Am Klavier: Dr. Richard Jung, St.Gabriel
26. Nov.	1984	Albert Kopf: Nietzsches Gedanken über die Frage: Was ist Wahrheit? (zusammen mit dem Nietzsche-Kreis Essen-Brilon), Torbräu
26. Jan.	1985	Philosophisch-musikalische Soiree (mit dem Nietzsche-Kreis EssenBrilon): Yoko Ikeda: Das Nietzsche-Bild in der japanischen philosophischen Literatur. 4 Klavierstücke v. Josef Suder (am Klavier: L. Brandel), St. Gabriel
28. Jan.	1985	Dr. E. v. Niederhoeffer: Was sagen uns die Handschriften der Freunde Nietzsches? (mit dem Nietzsche-Kreis Essen-Brilon), Torbräu
25. Febr.	1985	Dr. Holger Schmid: Was ist Romantik (Fröhliche Wissenschaft, Aph. 370; mit dem Nietzsche-Kreis Essen-Brilon), Torbräu
25. März	1985	Albert Kopf: Nietzsches Gedanken über Mensch, Staat und Europäertum (zus. mit dem Nietzsche-Kreis Essen-Brilon), Torbräu
29. April	1985	Karl Bruns: Möglichkeit und Wirklichkeit, Sartres Nietzsche- und Genet-Interpretation, Torbräu
4. Mai	1985	Musikalische Soiree (zus. mit Nietzsche-Kreis Essen-Brilon): Dr. W. L. Hohmann: 4 Grundthesen der Lyrik Gottfried Benns, mit Musikstücken von Friedrich Nietzsche. Am Klavier: Peter Vasicek, St. Gabriel
30. Sept.	1985	Albert Kopf: Aspekte zum Übermenschen – Auffassungen verschiedener Denker zu Nietzsches Idee des Übermenschen, Torbräu
28. Okt.	1985	Albert Kopf: Nietzsches Wirkung in unserer Zeit, Torbräu
25. Nov.	1985	Albert Kopf: Bringen Kultur, Wissenschaft und Technik nur Fortschritt?, Torbräu
25. Jan.	1986	Yoko Ikeda: Das Friedrich-Nietzsche-Bild in der japanisch-philosophischen Literatur (mit dem Nietzsche-Kreis Essen-Brilon), St. Gabriel
27. Jan.	1986	Johann Hahn: Friedrich Nietzsche und die Physik, Torbräu
24. Febr.	1986	Dr. Holger Schmid: Vom Schicksal der Musik, Torbräu

Anhang 2

31. März	1986	Albert Kopf: Nietzsches Sieg über den Geist der Schwere. Entstehung, Bedeutung, Wirkung und Ausdeutung des »Zarathustra«, Torbräu
28. April	1986	Dr. Egon von Niederhoeffer: Deutung der Handschriften von Freunden Nietzsches, Torbräu
29. Sept.	1986	Lydia Steinmetz: Nietzsches Bild von Frauen, Torbräu
27. Okt.	1986	Albert Kopf: Nietzsches »Umwertung aller Werte«, Torbräu
24. Nov.	1986	Albert Kopf: Abenteuer der Vernunft. Zum 100. Geburtstag von Dr. Friedrich Würzbach, Torbräu
26. Jan.	1987	Dr. E. v. Niederhoeffer: Über Nietzsches Handschrift, Torbräu
23. Febr.	1987	Dr. Wolfgang Class: Nietzsches Dionysos – Wiedergeburt oder Neuschöpfung, Torbräu
27. März	1987	Albert Kopf: Nietzsches Gedanken über die Frage: Was ist Wahrheit?, Torbräu
24. April	1987	Dr. Wolfgang Class: Nietzsche als Zeitgenosse, Torbräu
25. Mai	1987	Prof. Dr. Wolfgang Dittrich: Wissenschaft, Wahrheit und Glauben, Torbräu

Vorträge des Nietzsche-Kreises München
unter der Leitung von Dr. Wolfgang Class und Dr. Beatrix Vogel

28. Sept.	1987	Dr. Wolfgang Class: Das Problem des Sokrates I, Torbräu
27. Okt.	1987	Dr. Wolfgang Class: Das Problem des Sokrates II, Torbräu
30. Nov.	1987	Dr. Wolfgang Class: Platons Sokrates-Bild, Torbräu
22. Jan.	1988	Dr. Alois K. Soller: Nietzsche – ein Nihilist?; Torbräu
29. Febr.	1988	Dr. Wolfgang Class: Nietzsche und Heraklit, Augustiner
28. März	1988	Dr. Fritz Oberbeil: Moral und Psychologie, Schwabinger Bräu
26. April	1988	Prof. Dr. Wolfgang Dittrich: Naturwissenschaft contra Philosophie, Schwabinger Bräu
30. Mai	1988	Dr. Alois K. Soller: Größe und Elend des Menschen bei Pascal und Nietzsche, Schwabinger Bräu
26. Sept.	1988	Stephan Kowarik: Friedrich Nietzsches Verhältnis zur Decadence, Schwabinger Bräu
31. Okt.	1988	Dr. Wolfgang Class: »Optimismus« – Von der Theodizee zum Lebensgefühl, Schwabinger Bräu

Vorträge des Nietzsche-Kreises München
unter der Leitung von Dr. Beatrix Vogel

30. Jan.	1989	Lydia Steinmetz: Einführung und Leitung der Diskussion über den Abschnitt »Von der Selbstüberwindung« aus Also sprach Zarathustra; Seidlvilla

27. Febr.	1989	Stephan Kowarik: Einführung und Leitung der Diskussion zum Aphorismus 341 der Fröhlichen Wissenschaft, Seidlvilla
24. April	1989	Dr. Hannelore Bonnan: Symbolik und Erlösungsgedanke in Nietzsches Zarathustra, Haus des Deutschen Ostens (HDO)
29. Mai	1989	Dr. Alois K. Soller: Textanalyse und Leitung der Diskussion zum Abschnitt »Von Kind und Ehe« aus Nietzsches Zarathustra, HDO
29. Sept.	1989	Dr. Fritz Oberbeil: Der Begriff des Leidens bei Friedrich Nietzsche in destruktiver und konstruktiver Hinsicht, HDO
30. Okt.	1989	Dr. Leopold Bayerl: Dauer und Wandel. Der Drang zur Neuheit als Grundzug der Welt, des Lebens und des Menschen, HDO
27. Nov.	1989	Dr. Alois K. Soller: Nietzsche und Marquis de Sade im Vergleich: Wie konsequent ist Nietzsches Denken?, HDO
29. Jan.	1990	Max Werner Vogel: Der Subjektivismus in der Philosophie – Nietzsche als seine Zuspitzung (I), HDO
19. Febr.	1990	Max Werner Vogel: Der Subjektivismus in der Philosophie – Nietzsche als seine Krise (II), HDO
26. März	1990	Dr. Beatrix Vogel: Nietzsches Nihilismus als experimentalphilosophische Denkweise, HDO
23. April	1990	Dr. Alois K. Soller: Nietzsches Kritik der Moral, HDO
28. Mai	1990	Stephan Kowarik: »Wahrnehmungs-Denken« als ein Zugang zum Verstehen Nietzsches, HDO
1. Okt.	1990	Dr. Wolfgang Class: Die Entgötterung der Welt (Jaspers) – Was meint Nietzsche mit der nihilistischen Konsequenz der Naturwissenschaft? HDO
29. Okt.	1990	Dr. Leopold Bayerl: Nietzsche und das Problem der Individualität, HDO
26. Nov.	1990	Prof. Dr. Wolfgang Dittrich: Hat Nietzsche das Christentum zutreffend interpretiert? (Lesung und Diskussion), HDO
28. Jan.	1991	Prof. Dr. Eugen Biser: Nietzsches Religionskritik, HDO
23. Febr.	1991	Musikalisch-philosophischer Abend (mit dem Nietzsche-Kreis Essen Brilon): Prof. Dr. Karel Mácha: Das Gefährliche Auf-dem-Wege. Friedrich Nietzsche als Philosoph des Grenzenlosen Einführungsvortrag: Dr. Alois K. Soller: Nietzsche als Komponist. Ruth Reitmeyer singt Lieder von Friedrich Nietzsche, begleitet von Dr. Maria Hülle-Keeding, Klavier. HDO
25. März	1991	Serge Lawrence Cisneros: Darf Nietzsche recht haben? Beweise der Fehlbarkeit der Kirche (1), HDO
29. April	1991	Dr. Hans-Joachim Becker: Van Gogh in Arles und Nietzsche in Turin. Begegnung zwischen Kunst und Philosophie, HDO
27. Mai	1991	Serge Lawrence Cisneros: »Der Parteimensch wird mit Notwendigkeit Lügner« (Antichrist, § 55). Beweise der Fehlbarkeit der Kirche II, HDO

20. Sept.	1991	Ansprache zum Gedenken an Albert Kopf (Dr. Beatrix Vogel) im Waldfriedhof zu Grünwald
28. Okt.	1991	Dr. Herbert Will: Nietzsche und Groddeck: Ist Groddecks Psychosomatik eine praktische Umsetzung von Nietzsches Philosophie?, HDO
25. Nov.	1991	Dr. Leopold Bayerl: Der Impuls zur Neuheit. Kritische Interpretationen zu Nietzsche im Anschluß an das Nietzsche-Buch von W. Kaufmann, HDO
27. Jan.	1992	Dr. Hans-Joachim Becker: Nietzsche und Adorno: Zur Nietzsche-Rezeption in der kritischen Theorie, Seidlvilla
24. Febr.	1992	Dr. Claudia Konrad: Freunde oder Rivalen: Gustav Mahler und Richard Strauss, Seidlvilla
20. März	1992	(mit der Romain-Rolland-Gesellschaft): Musikabend mit Liedern von Josef Suder und Karl Bleyle. Mit Katharina Gerbitz, Klavier; Boris Nikitenko Violine; Ruth Reitmeyer, Sopran, HDO
27. April	1992	Silvia Steindl: Vortrag und Lesung: Die »Dreieinigkeit« – Das Freundschaftsdreieck zwischen F. Nietzsche – L. A. Salome – P. Rée, Seidlvilla
29. Mai	1992	(mit der Romain-Rolland-Gesellschaft): Prof. Dr. Karel Mácha: J. J. Rousseau: Musiker oder Philosoph? Musikalische Umrahmung: Musik von Rousseau, Mozart und Schubert. Mit Ruth Reitmeyer, Sopran; Dr. Maria Hülle-Keeding, Klavier, HDO
28. Sept.	1992	Max W. Vogel: Was ein Weiser heute über Nietzsche sagt: Bhagwan Shree Rajneesh in »Zarathustra – a god that can dance«, Seidlvilla
28. Okt.	1992	Prof. Dr. Wolfgang Dittrich: Bertrand Russell über Nietzsche (Textauswahl und Diskussionsleitung), Seidlvilla
30. Nov.	1992	Max Werner Vogel: Nietzsches Wertbegriff und seine »Umwertung aller Werte«, Seidlvilla
25. Jan.	1993	Rudolf Kuhr: Der Übermensch – Was meinte Nietzsche damit? Was können wir heute damit anfangen?, Seidlvilla
15. Febr.	1993	Prof. Dr. Eberhard Simons: »Doch alle Lust will Ewigkeit, will tiefe, tiefe Ewigkeit« – Interpretation zu Nietzsches »Mitternachtslied«, Seidlvilla
30. April	1993	(mit der Romain-Rolland-Gesellschaft): Benefiz-Konzert für das Centre »Jean Christophe« in Vézelay, mit Liedern und Instrumentalsätzen von Josef Suder, Nietzsche- und Hölderlin-Liedern von Karl Bleyle. Mitwirkende: Ruth Reitmeyer, Boris Nikitenko, Hartmut Brüsch. Vortrag: Dr. Claudia Konrad, Einführung in die Musik von Suder und Bleyle, HDO
24. Mai	1993	Uraufführung: Der zarte (harte) Nietzsche. Ein Vorlesespiel mit verteilten Rollen und Musik von Dietmar Moews, Seidlvilla
27. Sept.	1993	Max Werner Vogel: Der philosophische Subjektivismus, Nietz-

		sches »Umwertung aller Werte« und Carlos Castaneda, »Das Feuer von innen«, Seidlvilla
25. Okt.	1993	Dr. Claudia Konrad: Hermann Hesse und die Musik, Seidlvilla
29. Nov.	1993	Prof. Dr. Wolfgang Dittrich: Ludwig Klages »Die psychologischen Errungenschaften Nietzsches« (Lesung u. Diskussion), Seidlvilla
31. Jan.	1994	Ralph Mattus (Dortmund): Wie kann also etwas Todtes »sein«? Nietzsche (Fröhliche Wissenschaft) – Foucault – Deleuze, Seidlvilla
28. Febr.	1994	»In München leben meine Antipoden« – Hier irrte Nietzsche! Ein Abend zum Thema »München und Nietzsche« mit Christoph Burgauer, Seidlvilla
28. März	1994	Dr. Alois K. Soller: Nietzsches Kritik des Sozialismus, Seidlvilla
25. April	1994	Dr. H.-J. Becker: Nietzsche in Japan, Seidlvilla
30. Mai	1994	Tobias Schneider: »Wenn die Gedanken schweigen« – Aspekte des Dionysischen in der frühen Prosa Robert Musils, Seidlvilla
26. Sept.	1994	Max Werner Vogel: Nietzsche in seinen Gedichten. Interpretationen zu Nietzsches Lyrik. Lesung: Dr. Claudia Konrad, Seidlvilla
14. Okt.	1994	Prof. Dr. Eberhard Simons: Festvortrag zum 150. Geburtstag Friedrich Nietzsches: »Das Wahre ist so der bacchantische Taumel, an dem kein Glied nicht trunken ist ...«, Seidlvilla
17. Okt.	1994	Prof. Dr. Manfred Zahn: Festvortrag zum 150. Geburtstag Friedrich Nietzsches: Nietzsches Kritik der Moderne, Seidlvilla
28. Nov.	1994	Prof. Dr. h. c. Heinz Friedrich: »Weisheit für übermorgen« – Zu Nietzsches Nachlaß, Seidlvilla
30. Jan.	1995	Albert von Schirnding: Dionysos und sein Widersacher: Zu Thomas Manns Rezeption der Antike, Seidlvilla
20. Febr.	1995	Prof. Dr. Karel Mácha: »Das Gefährliche Auf-dem-Wege« – Begegnungen mit Friedrich Nietzsche, Seidlvilla
27. März	1995	Michel de Vries: Nietzsche und die Folgen – Die Kunst des Zwanzigsten Jahrhunderts, Seidlvilla
24. April	1995	Dr. Alois K. Soller: Das Frauenbild Nietzsches im Kontext von Nietzsches Philosophie, Seidlvilla
29. Mai	1995	Prof. Dr. Franz Buggle (Freiburg): »Denn sie wissen nicht, was sie glauben oder warum man redlicherweise nicht mehr Christ sein kann, Seidlvilla
25. Sept.	1995	Matthias Gaertner: »Unmöglichkeit?« Zu Gustav Landauer und der Frage, was heute politisches Handeln heißen könnte, Seidlvilla

Anhang 2

23. Okt.	1995	Michael Lahr: Nietzsche in Frankreich. Spurensicherung im Werk Michel Foucaults, Seidlvilla
27. Nov.	1995	Wolf-Dieter Enkelmann: Gesundheit und Krankheit. Erfahrungen undGedanken zu einem offenen Problem, Seidlvilla
29. Jan.	1996	Dr. Hans Morawa: Vom »Willen zur Macht« zur »Machtergreifung«. Friedrich Nietzsche und Adolf Hitler. Eine Betrachtung aus historischem Anlaß, Seidlvilla
23.–25. Febr.	1996	Symposion des Nietzsche-Kreises München: Von der Unmöglichkeit oder Möglichkeit, ein Christ zu sein. Zur europäischgeschichtlichen Freiheitsund Wertekonstitution. Vorträge und Podiumsdiskussionen: Eberhard Simons, Franz Buggle, Michael von Brück, Albert von Schimding, Elisabeth Endres, Carl Amery und Hans-Rüdiger Schwab, Seidlvilla
25. März	1996	Matthias Gaertner: Friedrich Nietzsche – ein sprachloser Denker?, Seidlvilla
20. Mai	1996	Prof. Michael Benedikt (Wien): Nietzsches Wort »Gott ist tot« – aus der Sicht von »Heideggers Halbwelt«, Seidlvilla
30. Sept.	1996	Matthias Gaertner: Übermensch. Zu Nietzsches Gedanken des Übermenschen bzw. einer Überwindung des Menschen, Seidlvilla
25. Nov.	1996	Dr. Ernst Gerhard Eder (Wien): Über die ökologische Krise, die Harmlosigkeit der Historie und Friedrich Nietzsche, Seidlvilla
13. Jan.	1997	Albert von Schirnding: »Wendepunkt und Wirbel der sogenannten Weltgeschichte« – Zum Bild des Sokrates bei Friedrich Nietzsche, Seidlvilla
24. Febr.	1997	Matthias Gaertner: »Die wahre Welt: ... schaffen wir sie ab!« – Nietzsche, ein Denker des Politischen?, Seidlvilla
24. März	1997	Wolfgang Seelig: Richard Wagners Parsifal: Ersatzreligion? – »Erlösung in der Vereinigung«, Seidlvilla
26. Mai	1997	Dr. Camillo Friedrich Schrimpf: Anmerkungen zur »Genealogie der Moral« von Friedrich Nietzsche, Seidlvilla
23. Juni	1997	»Zarathustra – a god that can dance«. Was ein indischer Weiser heute über Nietzsche sagt: Bhagwan Shree Rajneesh über Nietzsches Zarathustra. Wiederholung des Vortrags von Max Werner Vogel (gest. 1995) vom 28. Sept. 1992 (im Rahmen des Themas »Indien« in der Seidlvilla), Seidlvilla
29. Sept.	1997	Prof. Dr. Dr. Karel Mácha: »Wurschtkuchelseminar«. Ein philosophischer Nachunterricht zu Friedrich Nietzsche, der Lebensphilosophie und dem Leben überhaupt, Seidlvilla
27. Okt.	1997	Dr. Jürgen Kraft: Nietzsche und kein Ende. Wie und warum sich die Gegenwart mit seinem Denken befaßt, Seidlvilla
24. Nov.	1997	Dr. Alois K. Soller: Der »Übermensch« bei Friedrich Nietzsche, Seidlvilla

Chronik der Vorträge der Nietzsche-Gesellschaft 1965–2007

26. Jan.	1998	Matthias Gaertner: »Wir haben die Kunst, um nicht an der Wahrheit zugrunde zu gehen«, Seidlvilla
16. Febr.	1998	Prof. Dr. Jörg Salaquarda (Wien): »Wohin ist Gott?« – Überlegungen zur Möglichkeit des Christseins unter Bedingungen der Moderne, Seidlvilla
27. April	1998	Dr. W. L. Hohmann (Essen): Nietzsche-Heidegger: Das Denken und der Tod – ausgehend von Nietzsches Satz »Gott ist tot«, Seidlvilla
25. Mai	1998	Dr. Harald Seubert (Nürnberg/Halle): Einheit und Vielheit. Ein verborgenes Leitmotiv auf Nietzsches Denkweg, Seidlvilla
29. Juni	1998	Albert von Schirnding: »Abdankung« – Phantasie über ein Thema Thomas Manns, Seidlvilla
28. Sept.	1998	Dr. Manfred Gawlina (Neapel/München): Nietzsche und Fichte zu den Begriffen »Selbstbewusstsein« und »Gott«
26. Okt.	1998	Dr. Claudia Conrad: Nietzsche und die Musik. Vortrag mit Musikbeispielen
30. Nov.	1998	Tobias Schneider: Wieder den Geist der Zeit. Friedrich Nietzsche im Spiegel der Münchner Kosmiker
18. Jan.	1999	Dr. Alois K. Soller: Peter Singers praktische Ethik
22. Febr.	1999	Reinhard Falter: Apoll und Dionysos. Nietzsches Polarität und die heute mögliche Sicht auf die Griechen
26. April	1999	Karl Klezok: Heinrich Heine und Friedrich Nietzsche
07. Juni	1999	Prof. Dr. Hubertus Mynarek: Das Gottesbild Luthers
28. Juni	1999	Michael Lahr: Lessing und Nietzsche
27. Sept.	1999	Christoph Burgauner: Friedrich Nietzsche im Lichte *unserer* Erfahrung
25. Okt.	1999	Dr. Jürgen Kraft: Nietzsches Lehre von der ewigen Wiederkunft des Gleichen. Das Problem der abendländischen Metaphysik
29. Nov.	1999	Zur Feier des 80. Gründungsjubiläums der Nietzsche-Gesellschaft liest Gregorij H. von Leitis Ausschnitte aus Friedrich Würzbachs Vortrag zur Gründung der Nietzsche-Gesellschaft sowie aus Thomas Manns Rede, gehalten anlässlich Nietzsches 80. Geburtstag. Piotr Oczkowski begleitet mit Werken von Beethoven und Chopin (zusammen mit ELYSIUM-BETWEEN TWO CONTINENTS)
31. Jan.	2000	Dr. Ingo Christians: »Das Widerstreben ist die Form der Kraft«
22. Febr.	2000	Prof. Dr. Hans-Rüdiger Schwab (Münster): Der Sieg über den Panther. Karl Mays Auseinandersetzung mit Nietzsche
28. April	2000	Prof. Dr. Norbert Rath (Münster): Thomas Manns Nietzsche-Deutungen (zusammen mit dem Thomas-Mann-Förderkreis München e. V.
29. Mai	2000	Prof. Dr. Ulrich Willers (Eichstätt/München): Pascals Jesus und Nietzsches Pascal

Anhang 2

13. Juni	2000	Neukonstitution des Nietzsche-Forum München als rechtsfähige Vereinigung (Gründungsmitglieder: Dr. Hans-Joachim Becker, Christoph Burgauner, Heribert Förtsch, Prof. Dr. h.c. Heinz Friedrich, Prof. Dr. Dr. Manfred Görg, Prof. Dr. Karl Hahn, Dr. Claudia Konrad, Michael Lahr, Gregorij H. von Leitis, Prof. Dr. Ram Adhar Mall, Dr. Miriam Ommeln, Prof. Dr. Werner Ross; Achim U. J. Rowold, Albert von Schirnding, Prof. Dr. Hans-Rüdiger Schwab, Prof. Dr. Harald Seubert, Prof. Dr. Dr. Eberhard Simons, Dr. Beatrix Vogel, Dr. Elke Wachendorff, Dr. Luitgard Wiest)
26. Juni	2000	Albert von Schirnding: Die Propheten von der Martiusstraße. Ein München-Kapitel aus Thomas Manns »Doktor Faustus«
25. Sept.	2000	Bernhard Setzwein liest aus seinem Roman: »Nicht kalt genug«. Martina Reichová begleitet mit Klavierkompositionen Friedrich Nietzsches
02. Nov.	2000	Prof. Dr. h.c. Heinz Friedrich: Ecce homo? – Nietzsches »Übermensch« im Zwielicht unserer Erfahrung
10.–12. Nov.	2000	»Die Auflösung des abendländischen Subjekts und das Schicksal Europas.« Fachtagung anlässlich des 100. Todestages Friedrich Nietzsches. Mit Prof. Dr. Michael von Brück (München), Prof. Dr. Dr. Manfred Görg (München), Prof. Dr. Karl Hahn (Münster), Prof. Dr. Ram Adhar Mall (München), Prof. Dr. Hans-Rüdiger Schwab (Münster), Prof. Dr. Harald Seubert (Halle), Prof. Dr. Dr. Eberhard Simons (München), Prof. Dr. Bassam Tibi (Göttingen; Tel Aviv), Prof. Dr. Gianni Vattimo (Turin), Dr. Elke Wachendorff (München), Prof. Dr. Kurt Weis (München) und der Pianistin Elena Letnanova (Bratislava)
29. Jan.	2001	Dr. Hans-Joachim Becker: Fichtes Idee der Nation und das Judentum
12. Febr.	2001	Dr. Margaretha Huber (Rom): EIKON, das Bild
05. April	2001	Erste ordentliche Mitgliederversammlung des Nietzsche-Forum München e. V.
23. April	2001	Dr. Hans-Joachim Koch (Gladenbach): Zur Nietzsche-Rezeption in Indien und Japan
21. Mai	2001	Prof. Dr. Hermann Josef Schmidt (Dortmund): »Feind... Gottes?« – Nietzsches verheimlichte Denkkontinuität
08. Juni	2001	1. Kolloquium zum Thema: Wirklichkeitserfahrungen in Grenzsituationen. Mit Prof. Dr. Kurt Weis (München): Das alltägliche Schweigen des Leibes. Oder: Das bewusste Suchen nach anderen Wirklichkeitserfahrungen; und Dr. Nikolaus Gerdes (Bad Säckingen): Normale Wirklichkeit als soziale Konstruktion. Oder: Krebsdiagnose: Der (unfreiwillige) Sturz aus der normalen Wirklichkeit
25. Juni	2001	Prof. Dr. Dieter Borchmeyer (Heidelberg): Goethe – der Überdeutsche, im Bilde Nietzsches
30. Juli	2001	Musikalisch-philosophischer Abend anlässlich des 70. Ge-

burtstages von Prof. Dr. Dr. Karel Mácha. Den Vortrag von Prof. Karel Mácha: »Eine Stimme aus sieben Einsamkeiten« begleitet Elena Letnanova mit Klavierkompositionen Friedrich Nietzsches

17. Sept. 2001 Dr. Andreas Urs Sommer (Greifswald): Macht und Ohnmacht der Ursprünge bei Franz Overbeck und Friedrich Nietzsche

29. Okt. 2001 Prof. Dr. Harald Seubert (Halle): Karl Barths religionsphilosophisches Erbe

26. Nov. 2001 Dr. Miriam Ommeln (Bonn): Die Verkörperung von Friedrich Nietzsches Ästhetik ist der Surrealismus

18. Dez. 2001 Buchpräsentation: »Von der Unmöglichkeit oder Möglichkeit, ein Christ zu sein«. Publikationen des Nietzsche-Forums München e. V., Bd. 2, Allitera Verlag – zusammen mit den Autoren: Prof. Dr. Michael von Brück, Prof. Dr. Franz Buggle, Dr. Reinhard Falter, Dr. Matthias Gaertner, Dr. Manfred Gawlina, Barbara Salaquarda (für den verstorbenen Prof. Dr. Jörg Salaquarda), Prof. Dr. Harald Seubert, Prof. Dr. Eberhard Simons, Dr. Beatrix Vogel (auch für den verstorbenen Max Werner Vogel), Prof. Dr. Ulrich Willers, Hans Otto Seitschek, unserem Ehrenpräsidenten Prof. Dr. h.c. Heinz Friedrich und dem Verleger Dr. Wolfram Göbel

28. Jan. 2002 Hans Otto Seitschek: Aspekte der nietzscheanischen Sichtweise von Jesus Christus

21. Febr. 2002 Prof. Dr. Annemarie Pieper: Das stille Auge der Ewigkeit. Nietzsches dionysische Rechtfertigung der Kunst

26. März 2002 Zweite ordentliche Mitgliederversammlung des Nietzsche-Forums München e. V.

22. April 2002 Prof. Dr. Lothar Bluhm (Oulu/Finnland): Zur literarischen Nietzsche-Rezeption in der klassischen Moderne

08. Mai 2002 Prof. Dr. Renate Reschke (Berlin): »Die Sklaven der 3 M«. Nietzsches Kritik des Kulturverhaltens in der Moderne

13. Mai 2002 Außerordentliche Mitgliederversammlung des Nietzsche-Forums München e. V.

15. Juni 2002 »Die lange Nacht der Bücher«: Alfred Gulden: Manhattan – Lesung für das Nietzsche-Forum München

24. Juni 2002 Dr. Ingeborg Szöllösi: Schopenhauers Lebensethos, Nietzsches Lebensumwertung, Batailles Lebensphilosophie

30. Sept. 2002 (in Zusammenarbeit mit dem Kastell Verlag:) Johann Prossliner: Nietzsches Denken im Licht seines ausbrechenden Wahnsinns

28. Okt. 2002 Prof. Dr. Harald Seubert (Halle): Heideggers Auseinandersetzung mit Nietzsche und die Sache seines Denkens

16. Nov. 2002 2. Kolloquium: Wo sind die Übergangsrituale geblieben? Oder: Lässt uns die Gesellschaft noch erwachsen werden? – Mit Vorträgen von Prof. Dr. Michael von Brück, Prof. Dr. Dr. Manfred Görg, Dr. Elke Wachendorff, Prof. Dr. Kurt Weis; sowie einer Podiums- und Plenumsdiskussion

Anhang 2

29. Nov.	2002	Prof. Dr. Edith Düsing (Köln): Im Labyrinth des Zwischenmenschlichen. Nietzsches negative Dialektik der Anerkennung
27. Jan.	2003	Dr. Michaela Homolka: Adornos Verhältnis zu Nietzsche
14. Febr.	2003	3. Kolloquium: Der Mensch – sein eigenes Experiment? – Mit Vorträgen von Marc Jongen, Prof. Dr. Renate Reschke, Prof. Dr. Harald Seubert. Im erweiterten Podium: Prof. Dr. Dr. Manfred Görg; Prof. Dr. Ram Adhar Mall, Dr. Miriam Ommeln, Prof. Dr. Wolfgang Tunner; prof. Dr. Ulrich Willers. Moderation der Podiums- und Plenumsdiskussion: Prof. Dr. Hans-Rüdiger Schwab
14. April	2003	Prof. Dr. Hans-Rüdiger Schwab (Münster): Zur literarischen Nietzsche-Rezeption seit 1968
26. Mai	2003	Jonathan Pilgrim: Zur Nietzsche-Rezeption in Thomas Manns »Zauberberg«
22. Juni	2003	4. Kolloquium: Rituale heute – Neuinszenierungen zwischen Lebensbewältigung und Frustration an der Freiheit? – Mit Vorträgen von Prof. Dr. Michael von Brück; Pater Prior Anselm Bilgri, Dr. Nikolaus Gerdes, Albert von Schirnding; sowie einer Podiums- und Plenumsdiskussion
20. Juni	2003	Prof. Dr. Dieter Borchmeyer (Heidelberg): »Der arme Schiller« – Wandlungen Nietzsches im Bilde eines Klassikers
29. Sept.	2003	Dritte ordentliche Mitgliederversammlung des Nietzsche-Forums München e. V. mit Neuwahlen des Vor–standes
27. Okt.	2003	Dr. Hans-Walter Ruckenbauer (Graz): »Das... ist nun mein Weg, – wo ist der eure?« – Zur Lebenskunst des freien Geistes
24. Nov.	2003	Prof. Dr. Harald Seubert (Halle): Über »letzten« und »kommenden« Gott: zwischen Hegel, Schelling und Nietzsche
30. Nov.	2003	5. Kolloquium: Initiatorisches Denken: Platonische Spuren in die Gegenwart – Wege aus der organisierten Unverantwortlichkeit? – Mit Vorträgen von Prof. Dr. Karl Hahn, Kerstin Kellermann, Albert von Schirnding, Prof. Dr. Harald Seubert; sowie einer Podiums- und Plenumsdiskussion
26. Jan.	2004	(In Zusammenarbeit mit MIR – Zentrum russischer Kultur e.V.) Karl Klezok, Oberstudiendirektor a.D.: Fjodor Iwanowitsch Tjutschew und Heinrich Heine
18. Febr.	2004	(In Zusammenarbeit mit dem Kastell Verlag) Johann Prossliner: »Heiterkeit, güldene...«: Nietzsches Lyrik
06. April	2004	Vierte ordentliche Mitgliederversammlung des Nietzsche-Forums München e. V.
26. April	2004	Albert von Schirnding: Die Anwesenheit eines Abwesenden. Lyrik nach dem »Tode Gottes«
10. Mai	2004	Dr. Elke Wachendorff: Friedrich Nietzsche und die Religion: Archaischer Aberglaube versus neue interkulturelle Religiosität

Chronik der Vorträge der Nietzsche-Gesellschaft 1965–2007

24. Mai	2004	Prof. Dr. Dr. mult. Manfred Riedel (Halle): Nietzsches Liebesevangelium und Rilkes Dichtung
08. Juli	2004	Gedenkabend für unseren verstorbenen Ehrenvorsitzenden, Herrn Prof. Dr. h. c. Heinz Friedrich. – Prof. Dr. Dieter Borchmeyer spricht die Ehrung für den Verstorbenen. Aus dem Nachlass von Heinz Friedrich lesen: Prof. Dr. Dietrich Fischer-Dieskau, Doris Schade und Prof. Dr. Dieter Borchmeyer
27. Sept.	2004	Dr. Pia Daniela Schmücker (Ulm): Nietzsches Leben und Denken in psychoanalytischer Sicht
25. Okt.	2004	Sven Brömsel (Berlin): Zarathustra zwischen Bayreuth und Weimar
29. Nov.	2004	Philosophie und Kunst im Diskurs: Der Philosoph Prof. Dr. Harald Seubert (Univ. Halle-Wittenberg) und der Schriftsteller und Filmer Alfred Gulden (München/Saarlouis) zum Thema: »Macht, Gewalt und Religion«
11. Dez.	2004	6. Kolloquium: »Das Gottesverständnis und die Gewalt« – Mit Vorträgen von Prof. Dr. Dr. Manfred Görg; Prof. Dr. Ram Adhar Mall, Prof. Dr. Dr. Eberhard Simons und Dr. Elke Wachendorff
31. Jan.	2005	Dr. Hans-Joachim Becker: Nietzsche und das Judentum
28. Febr.	2005	Prof. Dr. Peter André Bloch (Mulhouse): Nietzsche als Lyriker. Oder: Von den Beobachtungen eines sich beobachtenden Beobachters. – In Erinnerung an Heinz Friedrich. – Mit Einspielungen von Nietzsche-Liedern
06. April	2005	Fünfte ordentliche Mitgliederversammlung des Nietzsche-Forums München e. V.
25. April	2005	Philosophie und Kunst im Diskurs: Andreas Mascha: »Flow Dance« und Nietzsches »Große Vernunft des Leibes« (mit Video-Performance)
30. Mai	2005	Prof. Dr. Babette E. Babich (New York): Fröhliche Wissenschaft, Musik, Worte und Amor Fati
27. Juni	2005	Dr. Pia Daniela Schmücker (Ulm): Das Nietzsche-Bild im »Faustus-Roman« Thomas Manns
10. Juli	2005	Gedenkmatinée für Prof. Dr. Eberhard Simons (1937-2005), unter Mitwirkung von Prof. Dr. Harald Seubert, Dr. Elke Wachendorff, Dr. Ingeborg Szöllösi, Thomas Pulte, Marek Bradatsch u. a.
26. Sept.	2005	Dr. Konrad Dietzfelbinger: Nietzsche: Erleuchtung und Versuchung
31. Okt.	2005	Prof. Dr. Karl Hahn (Münster): Max Schelers Auseinandersetzung mit Nietzsches Ressentiment-These. Oder: Ressentiment, moderne Moral und europäische Identität
28. Nov.	2005	Johann Prossliner (zus. Mit dem Kastell Verlag): Was hatte Nietzsche gegen Schiller? Die interessanteste Ungerechtigkeit der deutschen Geistesgeschichte
18. Dez.	2005	Kleine festliche Matinée mit Prof. Dr. Peter André Bloch

Anhang 2

(Mulhouse /Strasbourg; Stiftung Nietzsche-Haus Sils-Maria): Nietzsches »Weihnachten«. Feste im Familien- und Freundeskreis. Mit musikalischen Beispielen und einer kleinen Lesung aus Nietzsches Weihnachtsbriefen

10. Febr. 2006 7. Kolloquium: »Das Problem der Theodizee – obsolet oder höchst aktuell?« Anfragen im philosophischen und interreligiösen Kontext der Gegenwart – Einführungsvortrag von Prof. Dr. Ram Adhar Mall

11. Febr. 2006 Fortsetzung des Kolloquiums mit Vorträgen von Prof. Dr. Ulrich Willers, Prof. Dr. Stephan Leimgruber, Prof. Dr. Dr. Manfred Görg und Prof. Dr. Michael von Brück

05. April 2006 Sechste ordentliche Mitgliederversammlung des Nietzsche-Forums München e. V. mit Neuwahlen des Vorstandes

24. April 2006 Prof. Dr. Wolfgang Tunner: Augenblick und Dauer. Zur Psychologie und Philosophie des Zeiterlebens

29. Mai 2006 Dr. Stephan Günzel (Jena): »Geophilosophie – Nietzsche im Kontext der zeitgenössischen Erd- und Raumwissenschaften

26. Juni 2006 »Göttliche Bosheit«. Festlicher Abend zum 150. Todesjahr Heinrich Heines. Zwei Vorträge mit Diskussion und Buffet. – Referenten: PD Dr. Christoph Bartscherer und Johann Prossliner

25. Sept. 2006 PD Dr. Miriam Ommeln (Karlsruhe): Inszenierung von medialen Körpern und Identitäten im digitalen Netz – mit dem Cyberphilosophen Nietzsche

13. Okt. 2006 »Heinz Friedrich: Ein Leben mit Benn und Nietzsche«. Gespräch zwischen Maria Friedrich und Björn Göppl

27. Nov. 2006 Prof. Dr. Edith Düsing (Köln): »Gottestod, Nihilismus, Melancholie« – Nietzsches Denkweg als Diagnose und Therapie desNihilismus

Vorschau auf die Veranstaltungen 2007:

29. Jan. 2007 Prof. Dr. Hans-Rüdiger Schwab (Münster): Nietzsches »Geschwistergehirn«. Zum 70. Todestag von Lou Andreas Salomé und der Neuausgabe ihres Roman-Debüts »Im Kampf um Gott«

26. Febr. 2007 »Weisheit für übermorgen«. Die Schauspieler Doris Schade und Rolf Boysen sowie Prof. Dr. Dieter Borchmeyer lesen aus dem Nachlass von Friedrich Nietzsche sowie Texte aus dem Nachlass Heinz Freidrichs. Grußwort: Dr. Björn Göppl, Heinz-Friedrich-Stiftung

04. April 2007 Siebente ordentliche Mitgliederversammlung des Nietzsche-Forums München e. V.

28. April 2007 8. Kolloquium: »Dionysos und Apoll« – Dimensionen ursprünglicher Erfahrung. Mit Vorträgen von Albert von Schirn-

		ding, Prof. Dr. Renate Reschke, Prof. Dr. Edith Düsing und Dr. Robert Kozljanic sowie einer Podiums- und Plenumsdiskussion. Im erweiterten Podium: Dr. Elke Wachendorff, Reinhard Falter, Prof. Dr. Wolfgang Tunner. Moderation: Prof. Dr. Edith Düsing
09. Juni	2007	(Kloster Bernried am Starnberger See) »Das trunkene Lied« – Texte von Friedrich Nietzsche, vertont von ihm selbst und anderen, (zumal) jüdischer Komponisten – im Rahmen des Elysium-Festivals Bernried
11. Juni	2007	Michael Lahr, Stellv. Intendant von Elysium – Between Two Continents: »Das trunkene Lied« – Vortrag (in der Seidlvilla) zum Konzert am 9. Juni in Kloster Bernried
25. Juni	2007	Dr. Wilhelm Blum: Das Denken von Friedrich Nietzsche und dessen Fehlinterpretation durch den Nationalsozialismus
24. Sept.	2007	Johann Prossliner – zusammen mit dem Kastell Verlag: Der Sturm vor der Ruhe – Nietzsches Qualgeburt ›Zarathustra‹
29. Okt.	2007	Dr. Hans Otto Seitschek: Der Zarathustra der Religionsgeschichte und Nietzsches Zarathustra
26. Nov.	2007	Dr. Konrad Dietzfelbinger: Nietzsches ›Zarathustra‹ – Lehrer des spirituellen Weges

---

[46] Diese Vortragschronik wurde von Frau Dr. Beatrix Vogel nach vorliegendem Archivmaterial erstellt und für diese Neu-Ausgabe der »Chronik« nochmals aktualisiert.

Anhang 3[47]:

Biographische Notiz zu Max Werner Vogel

Max Werner Vogel, geboren am 11.04.1930 zu Dresden, besuchte dort die Volksschule und die Wirtschaftsoberschule bis 1946. Abitur 1948 zu Dillingen an der Donau. Sofortiger Eintritt in den Importhandel als Angestellter in München.

Am 23.09.1950 ein Verkehrsunfall und seitdem querschnittgelähmt. Krankenhausaufenthalte ohne Unterbrechung bis 1965. Während dieser Zeit Akkordarbeit als Korrektor und Redakteur für Münchner Verleger.

Die Familie und gute Freunde ermöglichten die Beendigung der Krankenhausaufenthalte und seit 1967 das Studium der Psychologie in München mit medizinischer Anthropologie und Genetik, vier Semestern Physiologie mit anschließendem Praktikum, Neuroanatomie und einem immer wieder erneuerten Studium der Philosophie. Stipendiat der Deutschen Studienstiftung. 1973 Studienabschluss als Diplompsychologe.

Danach freiberufliche Tätigkeit als Psychotherapeut in Verhaltenstherapie, Hypnotherapie, später entschieden umschwenkend auf psychoanalytische Techniken. Im Studium und später streng methodisch-wissenschaftliche Mitarbeit an Forschungsprojekten.

Ein intensives Interesse war über viele Jahre die Funk- und Fernmeldetechnik, in diesem Zusammenhang die extrem schnelle Tastfunkerei nach Gehör und mit teilweise selbst hergestellten Geräten; Vorsitzender des internationalen »Very High Speed Club«.

Ein lebenslanges vitales Interesse galt den Religionen und deren mystischen Lehren. Nach seinem Verständnis muß Kunst, um Kunst zu sein, spirituelle Inhalte transportieren. In diesem Sinne versuchte er sich, unterstützt von seinem Unterbewusstsein, an der Malerei.

Max Werner Vogel starb am 11.01.1995.

---

[47] Die Herausgeberin dankt dem Verleger des Verlags Die Blaue Eule, Herrn Dr. W. L. Hohmann, für die freundliche Genehmigung des Abdrucks der von Max Werner Vogel verfassten »Biographischen Notiz«, erstmals publiziert in Max Werner Vogel, Nietzsches Hinterkopf, Essen 1995, einschließlich seines Photos.